상상력은 무한대로 커진다!

너무 작아서 눈에 보이지 않는 것들

① 눈코 뜰 새 없이 바쁜 세포의 하루

OLD STAIRS

목차
우리 눈에 보이지 않는 세상이 있다!

1. 알고 있었니? **세포의 존재!** ···004
   - Short Interview 01 사람 편 ···009

2. 생김새의 비밀을 풀어줄게, **나는 세포!** ···012
   - Short Interview 02 세포 편 ···018

3. 세포는 공장? ···019
   - Short Interview 03 세포 편 2 ···023

4. 벽과 문과 간판을 맡고 있어요! **세포막!** ···024
   - Short Interview 04 세포막 편 ···028

5. 세포 속의 모든 것, **세포질!** ···029
   - Short Interview 05 세포질 편 ···032

6. 세포 속의 발전소, **미토콘드리아!** ···033
   - Short Interview 06 세포 편 3 ···039

7. 설계도를 품은 통제실, **세포핵!** ···040
   - Short Interview 07 세포핵 편 ···044

8. 세포 속 특수요원, **RNA!** ···045
   - Short Interview 08 rRNA 편 ···049

9. 제품을 만들어내요! **리보솜과 세포질그물!** ···050
   - Short Interview 09 리보솜 편 ···054

10. 과로하고 있어요, **골지체** 우체국! ···055
    - Short Interview 10 세포질그물 편 ···059

11. 세포 속을 깨끗하게, 청소부 **리소좀!** ···060
    - Short Interview 11 리소좀 편 ···065

12. **물질 교환**하는 세포들! ···067
    - Short Interview 12 물질 편 ···072

13. 세포, **성장하다!** ···073
    - Short Interview 13 세포 성장 편 ···083

14. 세포가 아프다? **질병!** ···084
    - Short Interview 14 사람 편 2 ···087

15. 세포는 왜 아플까? ···088
    - Short Interview 15 질병 편 ···092

16. 세포, **적응하다!** ···093
    - Short Interview 16 신혼부부 편 ···097

17. 세포의 덩치가 커졌다고요?
비대로군요! ········· 098
- Short Interview 17 비대 편 ········· 102

18. 세포의 수가 늘어났다뇨? 아하! **증식!** ········· 103
- Short Interview 18 사마귀 편 ········· 107

19. 어쩌다 이렇게 됐어? **위축!** ········· 108
- Short Interview 19 세포소기관 편 ········· 118

20. 보여줄게 완전히 달라진 나, **화생!** ········· 119

21. 세포의 **손상**, 그리고 **죽음 1** ········· 125
- Short Interview 20 손상된 세포 편 ········· 128

22. 세포의 **손상**, 그리고 **죽음 2** ········· 129
- Short Interview 21 사망 세포 편 ········· 139

23. 신생물, **암!** ········· 143
- Short Interview 22 암세포 편 ········· 151

24. 우리 몸을 지켜줘요, **면역!** ········· 152

25. 그런데 **면역**에도 **종류**가 있어요! ········· 160

26. 면역반응의 특징! ········· 170
- Short Interview 23 철수 편 ········· 183

27. 우리 몸인데 우리 몸이 아닌 것?
면역특혜지역! ········· 185
- Short Interview 24 작아서 보이지 않는 것들 편 ········· 189

Chapter 01 🔍 알고 있었니? 세포의 존재!

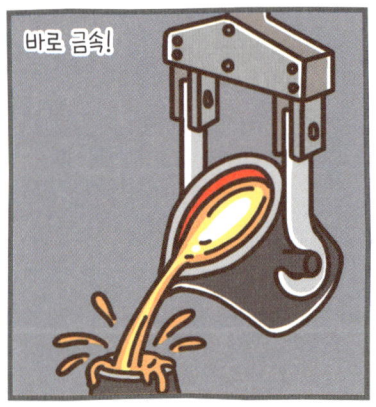

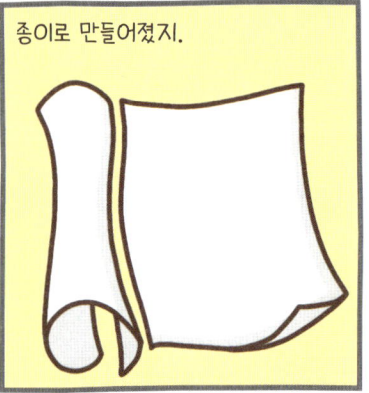

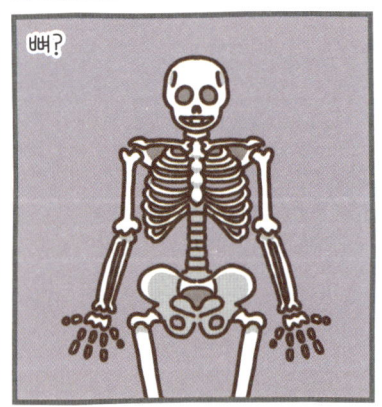
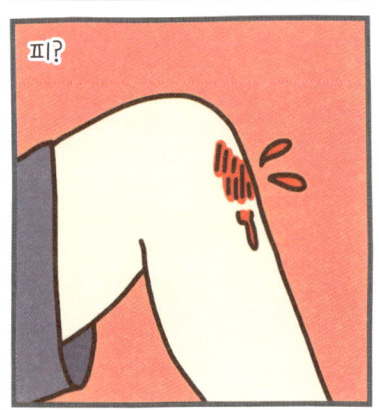

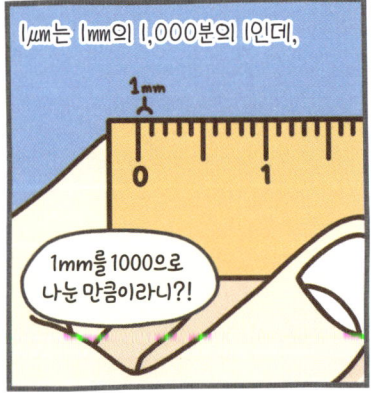

Chapter 01 알고 있었니? 세포의 존재!

Short Interview 01

사람 편

Q. 정말로 세포에 대해 몰랐나?

Chapter 01 | 알고 있었니? 세포의 존재!

Chapter 02 🔍 생김새의 비밀을 풀어줄게, 나는 세포!

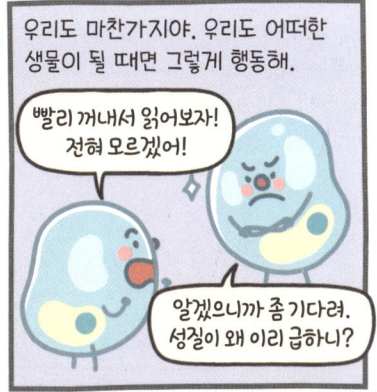

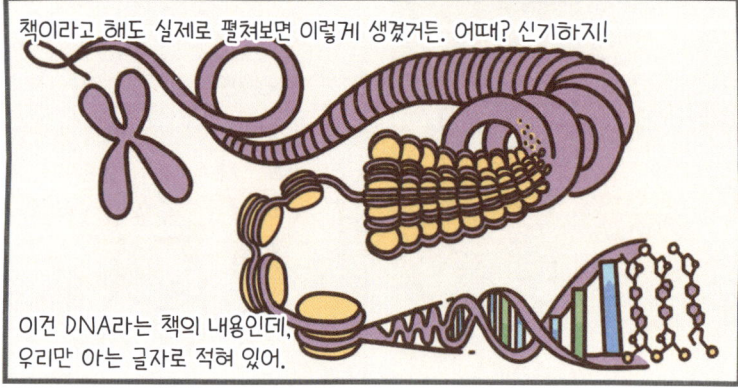
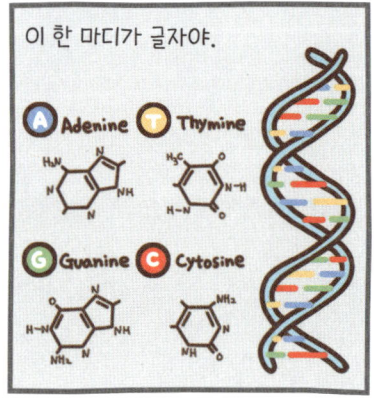

Chapter 02 생김새의 비밀을 풀어줄게, 나는 세포!

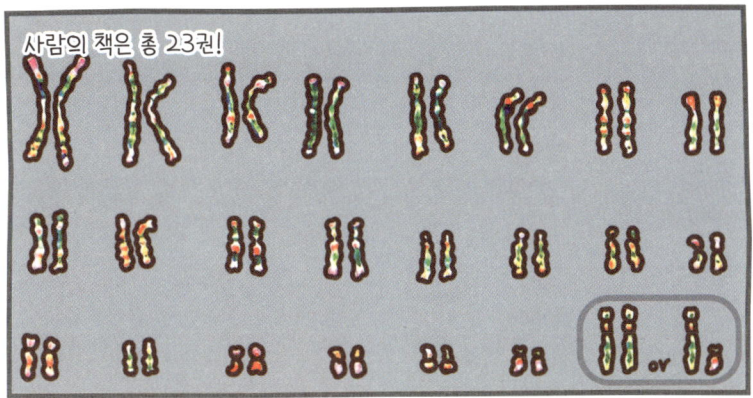

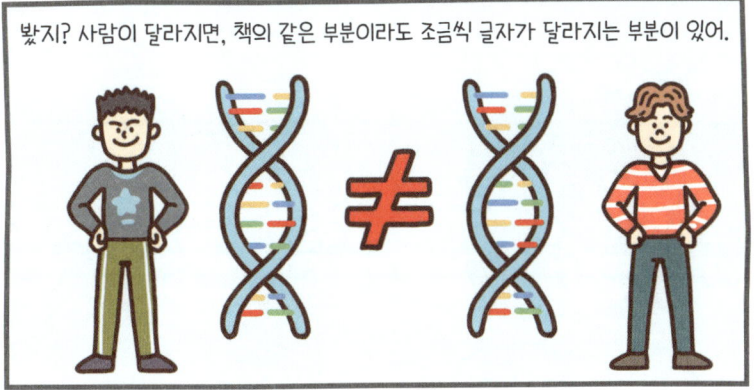
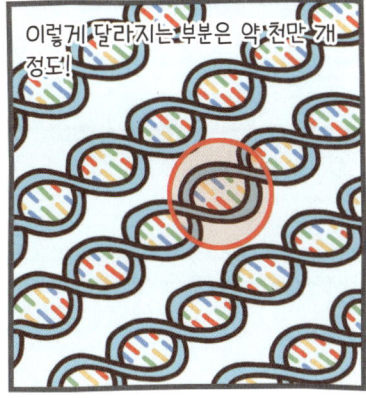

Chapter 02
생김새의 비밀을 풀어줄게, 나는 세포!

아니, 근데 그건 우리 잘못이 아니야! 애초에 책에 잘못 쓰여있었단 말이야!

우리는 그냥 하라는 대로 했을 뿐이라고! 그렇게 보지 마!

아무튼! 이제 알겠지? 생물마다 생김새가 다른 이유!

세포 속에 들어 있는 책의 개수, 내용이 달라서 그렇단 거!

모두 똑같았다면 다 같은 생물이 됐을 거야.
멍멍! 야옹~

책 속에 모든 게 적혀 있다 보니 사람들은 이 내용을 굉장히 궁금해하더라?
DNA, DNA를 모조리 밝혀내야 해…!

책을 고쳐 써서 새로운 사람이 된다나 뭐라나.
유전자를 조작해서 완벽한 신인류를 만들어낼 거라고!

확실히 어느 날 사람이 모든 책을 읽을 수 있는 때가 오면,
으하하! 밝혀냈다! 밝혀냈어!

늙지 않는 사람이나
17살처럼 보인다고요? 하하하! 저는 2,914살인걸요?

힘이 무척 센 사람이 생겨날지도 모르는 일이지.
저한텐 이 정도도 가벼워요!

그런 날이 언젠가 오려나~?

15

Short Interview 02

세포 편

Q 사람을 이루는 37조 개의 세포는 모두 같은 염색체를 가지고 있나요?

그렇다고 볼 수 있어요. 한 사람의 몸에 있는 모든 세포는
똑같은 염색체를 가지고 있습니다. 몇몇 예외를 제외한다면 말이죠.

핏속에 들어 있는 적혈구라는 세포는 세포핵 자체가 없어서 염색체 역시 가지고 있지 않아요. 또, 아기가 만들어질 때 필요한 정자, 난자와 같은 세포는 핵은 있지만 염색체를 반씩 가지고 있답니다.

핵을 여러 개 가지고 있는 세포도 있는데요. 핵 속 염색체의 내용은 다른 세포와 같지만, 핵이 여러 개니까 같다고 하면 같고 다르다고 하면 다르다고 볼 수 있어요. 이런 경우를 제외하면 모두 같은 염색체를 가지고 있다고 할 수 있답니다.

Q 그렇다면 거의 모든 세포가 같은 염색체를 가지고 있다는 말인데, 어떻게 세포의 구조나 기능이 서로 다를 수가 있는 거죠?

인체의 세포는 분명 모두 같은 염색체를 가지고 있지만,
발현되는 **DNA의 조각**이 다르기 때문이죠.

간단히 말해서 모든 세포에 스물세 권의 책이 들어있기는 해도, 세포마다 읽는 내용이 다르다는 얘기입니다. '책이 전부 들어있는데 어떻게 매번 그 부분만 읽을 수 있단 말이야?' 혹시 그런 생각이 드셨나요? 그건 세포가 그 부분만 읽을 수 있게끔 성장해나간 까닭이에요.

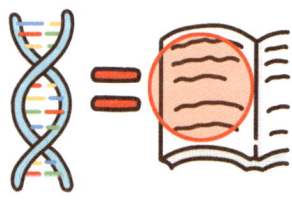

우리 몸에는 근육 세포, 피부 세포, 신경 세포 등 여러 종류가 있습니다.
하지만 이러한 세포들이 처음부터 그렇게 태어난 건 아니에요. 처음에는 아무런 기능도 할 수 없지만, 무엇이든 될 수 있는 특수한 세포였어요. 이 세포가 성장함에 따라 무엇이 될지 결정되고, 거기에 발맞춰 특수한 기능을 수행하는 세포로 자라게 된 거죠. 이런 세포가 모여서 우리가 아는 뇌나 눈 같은 기관이 된 거고요. 세포는 그렇게 읽을 수 있는 책의 내용이 제한되어 갑니다.
성장을 마치면 그 부분만 읽을 수 있어요. 다른 부분을 읽으라는 신호가 내려지지 않거든요.

Chapter 02 | 생김새의 비밀을 풀어줄게, 나는 세포!

작아서 보이지 않는 세포

모든 생명체는 세포로 이뤄져있어. 우리가 세포를 볼 수 없는 것은 단순히 세포가 작기 때문이야. 세포의 크기는 **약 10㎛**인데, **1㎛은 1mm를 천등분한 길이**이거든. 어마어마하게 작으니까 우리의 맨눈으로는 평생토록 세포를 볼 수 없다는 얘기야.

하지만 현미경과 같은 도구를 사용한다면, 말로만 듣던 세포를 실제로 볼 수 있어.

아주 잘 보여요!

정보 덩어리, 염색체

세포 속에는 **핵**이라는 기관이 있고, 핵 속에는 **염색체**라는 게 들어있어. 염색체는 각 생물의 성장, 생존, 생식에 필요한 모든 정보가 담겨져 있지.

이런 염색체의 구조는 복잡해 보이지만 사실 간단해.

염기라는 작은 조각들이 배열되면서 **유전자**가 되고, 유전자가 모여서 **DNA**가 된 거야. DNA와 DNA를 묶고 압축하는 단백질이 합쳐져서 덩어리를 이룬 게 바로 **염색체**란 말씀!

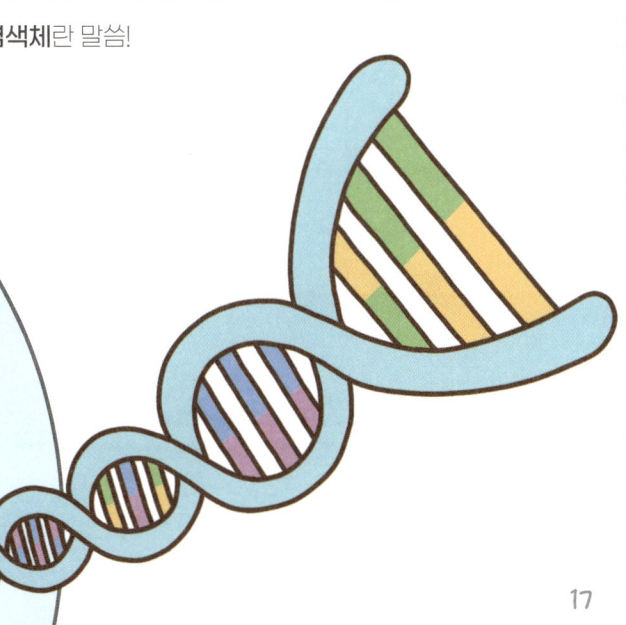

생김새의 차이

모든 생물이 세포로 이뤄져 있는데도 생물마다 생김새가 다른 건, 지금껏 말한 **염색체**가 저마다 다르기 때문이야. 무슨 생물이냐에 따라서 각 세포가 가지고 있는 염색체의 개수, 내용이 달라지거든. 이 차이가 **종의 차이**로 이어지지.

같은 생물이 서로 다르게 생긴 건 뭐냐고? 그건 개체마다 조금씩 다른 **염기 배열**을 가져서 그래. 책의 내용은 같지만, 몇몇 글자가 다른 상황인 셈이지.

사람을 예시로 들어볼까? 사람의 세포 속에는 23권의 책이 존재하고, 이 책들은 약 30억 개의 글자로 쓰여있어. 그런데 글자 중에서 천만 개 정도는 사람마다 달라. 이 차이를 통해서 사람의 **생김새**가 결정된다는 말씀! 다른 동식물들도 물론 마찬가지지!

Chapter 03 세포는 공장?

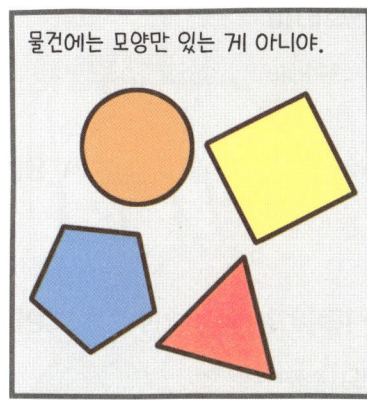
물건에는 모양만 있는 게 아니야.

모든 물건에는 역할이 있지.

가위는 뭔가를 잘라.

풀은 뭔가를 붙여.

가방은 뭔가를 담아.

나도 그래.

세포는 이렇게 몸의 형태를 이루기도 하지만, 그게 다가 아니야.

세포의 역할은 다름 아닌 공장이야! 시시각각 돌아가는 몸의 공장!

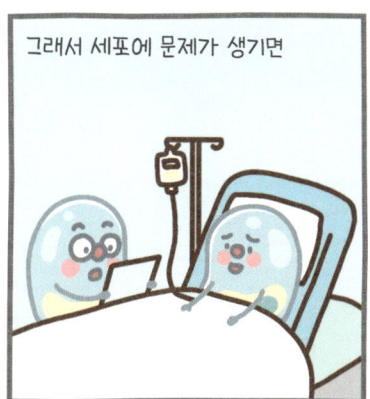
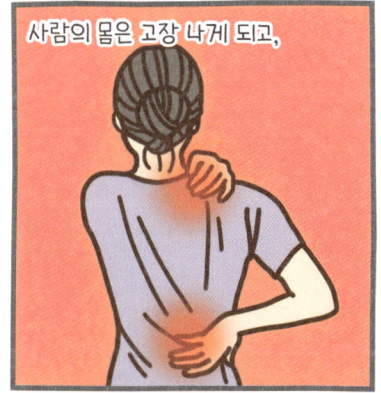

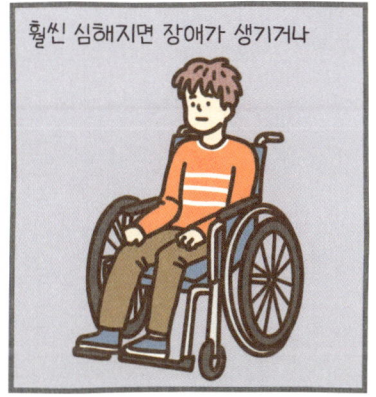

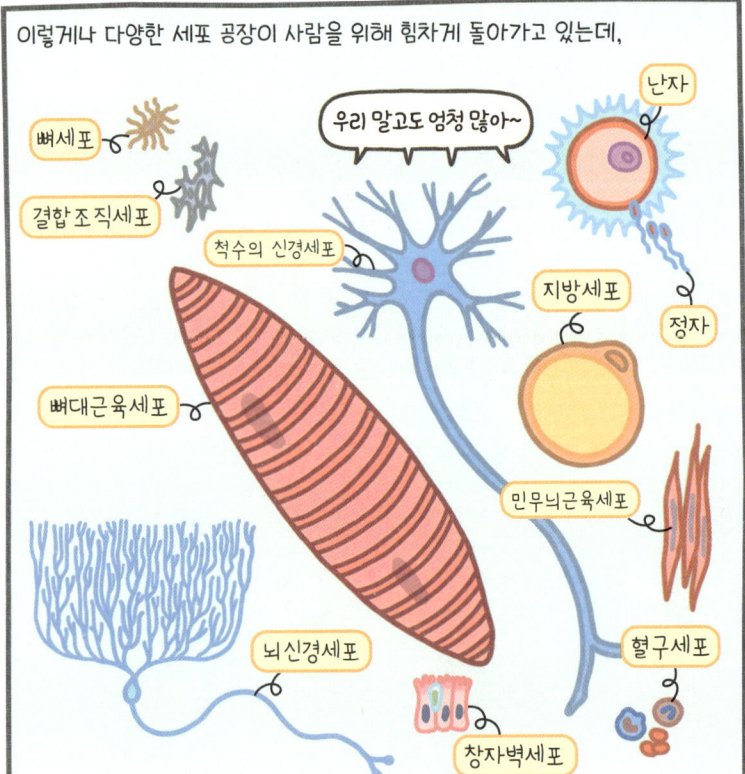

Q. 방금 수십억 비만인과 저체중인을 한꺼번에 비하했는데 소감은?

Chapter 03 | 세포는 공장?

Chapter 04 🔍 벽과 문과 간판을 맡고 있어요! 세포막!

공장을 밖에서 바라보면 벽이 있고, 문이 있고, 간판이 있어.

공장의 벽은 공장 속의 기계나 재료를 외부환경으로부터 분리하고, 다양한 변화로부터 안전하게 지켜내.

벽이 없다면 비가 오거나 눈이 와서 모든 게 망가져 버리거나

강한 바람에 기계나 재료가 날아가 버릴지도 모르는 일이니까!

어쩌면 나쁜 강도나 도둑이 쳐들어와서 모든 걸 파괴하고 훔쳐 달아날 수도 있고 말이야.

문은 공장에 필요한 재료, 만들어진 제품, 일하는 사람의 출입을 위해서 존재하고,

간판은 무슨 공장인지 알리기 위해 달려 있는 거지.

여기는 음료수 공장이군!

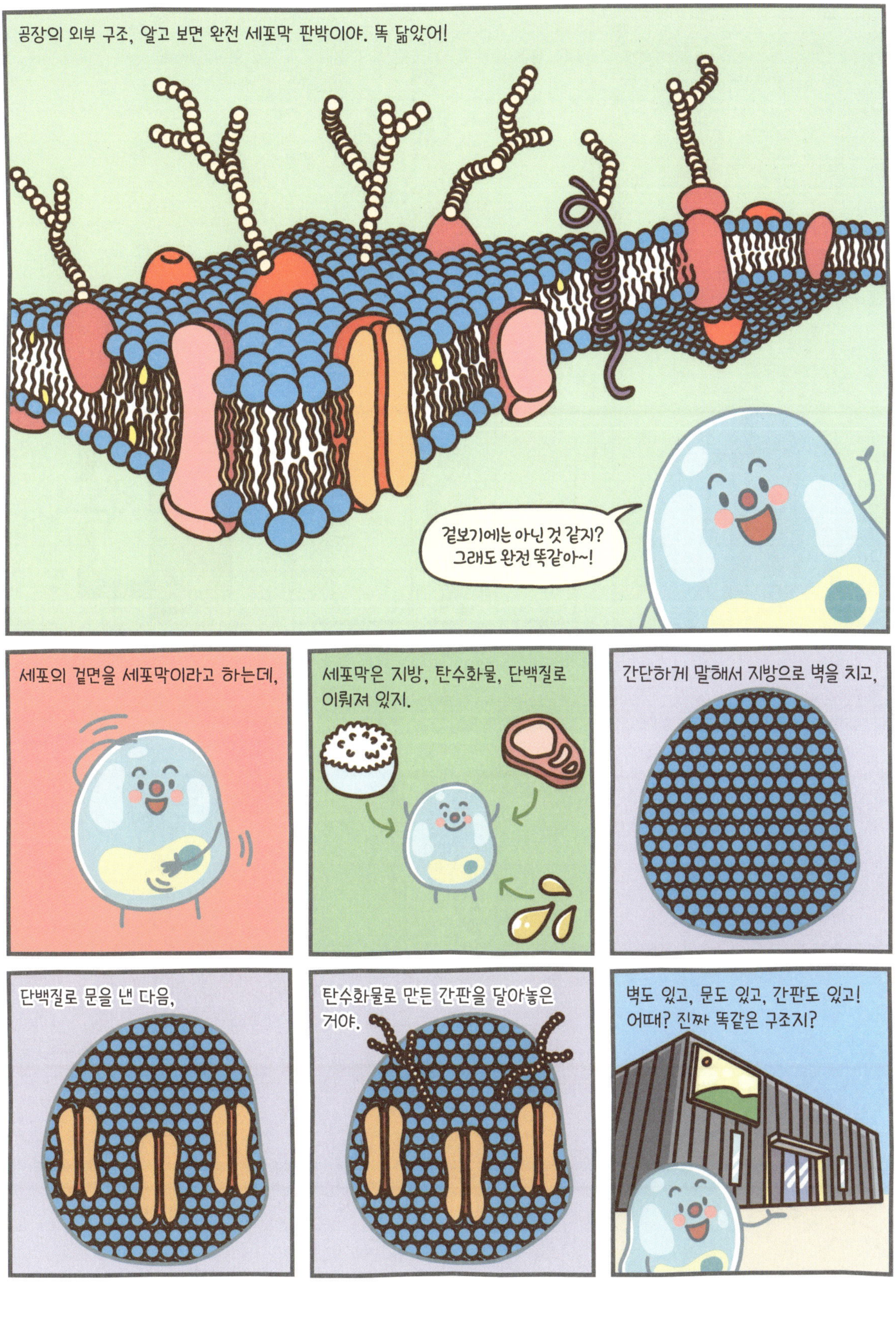

공장의 외부 구조, 알고 보면 완전 세포막 판박이야. 똑 닮았어!

겉보기에는 아닌 것 같지? 그래도 완전 똑같아~!

세포의 겉면을 세포막이라고 하는데,

세포막은 지방, 탄수화물, 단백질로 이뤄져 있지.

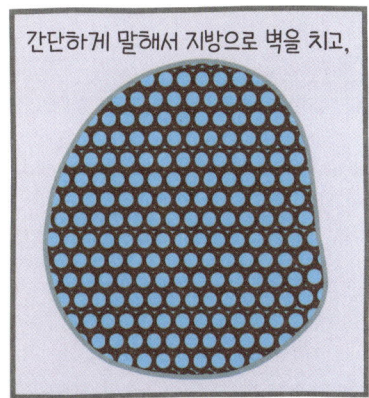

간단하게 말해서 지방으로 벽을 치고,

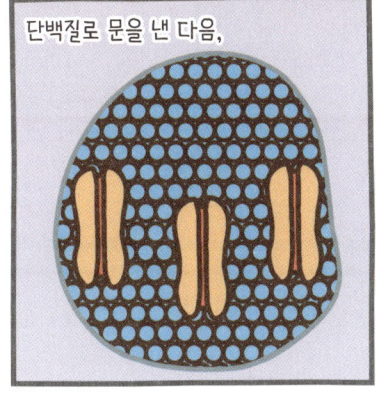

단백질로 문을 낸 다음,

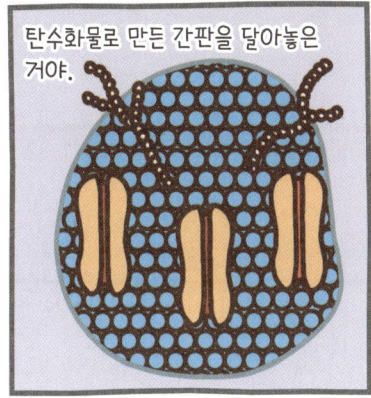

탄수화물로 만든 간판을 달아놓은 거야.

벽도 있고, 문도 있고, 간판도 있고! 어때? 진짜 똑같은 구조지?

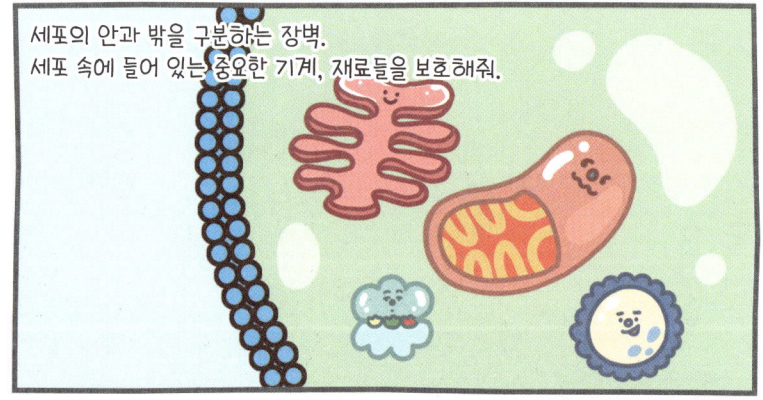
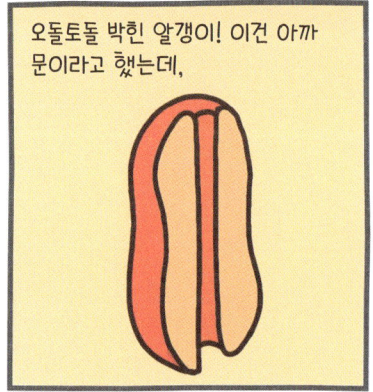

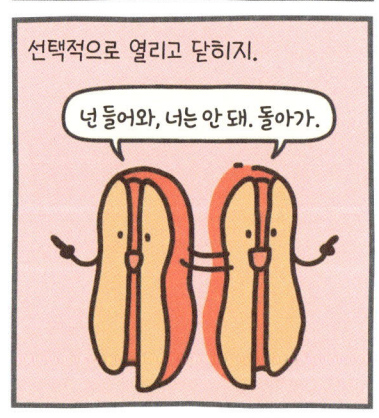
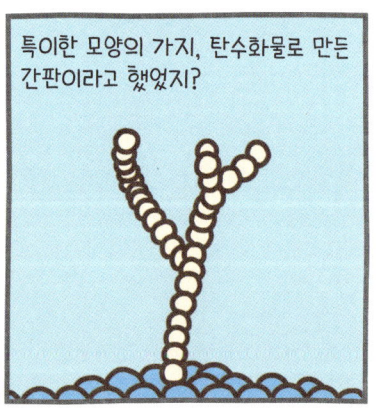
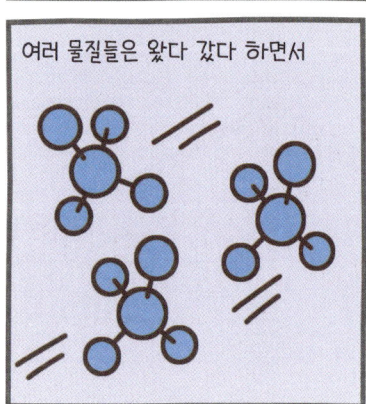

Chapter 04
벽과 문과 간판을 맡고 있어요! 세포막!

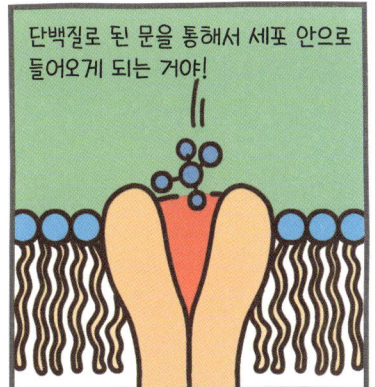

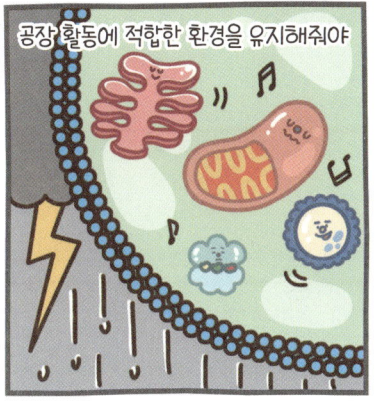

 Short Interview 04

 세포막 편

인터뷰어님이 세포님, 세포막님을 초대했습니다.

세포막을 설명하는데 본인이 등장하지 않으셨는데 어떠셨어요?

 세포막 혹시 한량이라고 아시나요?

 **세포막** 한량은 아무 하는 일 없이 세월만 보내는 한심한 누군가를 말하는데요. 세포에 대해 그리 잘 아시는 분이 일은 안 하고 수다만 떨고 있으니 한량이죠.

 세포 누구를 말하는 거야?

세포막 너요! 너!

 세포 뭐?!

 세포막 그런데 그렇다고 저까지 탱자탱자 놀아 버리면 큰일이 나거든요. 그래서 얌전히 있었던 거랍니다.

 세포 그래도 한량은 좀 심했다 너!

 세포막 그럼 일을 하든가~

Chapter 05 세포 속의 모든 것, 세포질!

공장 내부로 들어가면 참 많은 것들이 있어.

자동차를 만든다고 하면, 차의 껍질, 엔진, 바퀴 등등 여러 가지 재료가 보일 거고,

그런 재료들을 조립하는 기계들이 잔뜩~!

그럼 나는?

내 속에는 뭐가 들었을까?

짠~ 내 속에는 이런 게 잔뜩 있어!

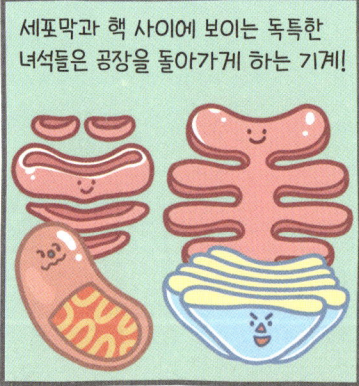

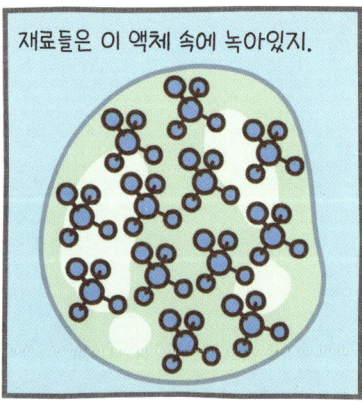

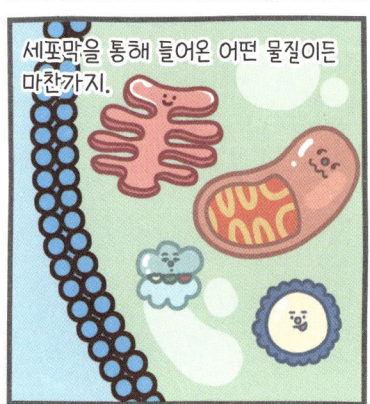

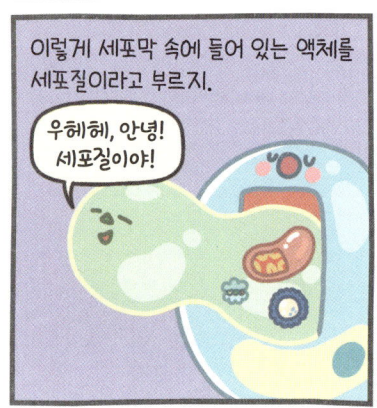

Chapter 05
세포 속의 모든 것, 세포질!

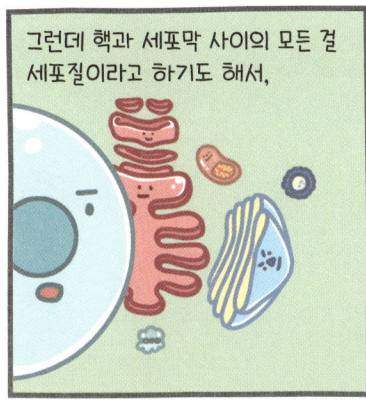

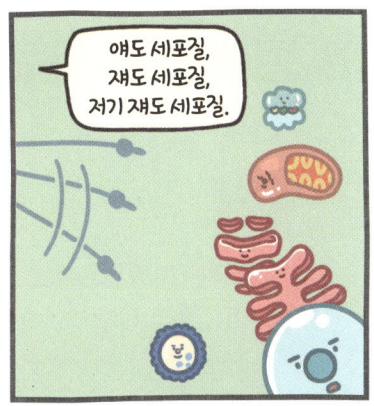

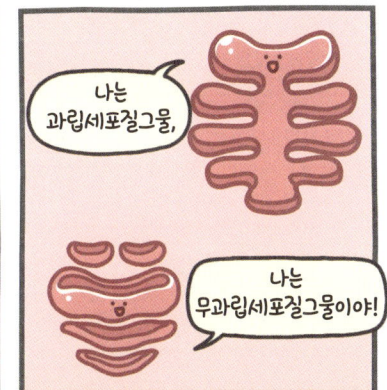
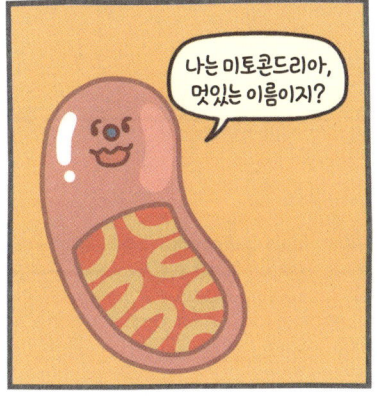

 **Short Interview 05**

 세포질 편

인터뷰어님이 세포질님을 초대했습니다.

세포의 농담 때문에 세포 밖으로 쏟아져나오셨던데 좀 괜찮으세요?

세포질: 한마디로 애들이 속이 좁다고 말할 수 있습니다.

세포질: 솔직한 말로, 세포막과 핵 사이에 있는 걸 세포질이라고 하자, 이거 내가 했느냐? 아니거든~ 사람이 했어요, 사람이. 그런데 갑자기 소리를 빽 지르고, 신나서 자기소개를 시작하고...

세포질: 웃기는 짬뽕들이야. 어디 한번 보자, 이거야! 미토콘드리아, 핵, 세포질그물, 골지체, 리보솜, 리소좀, 다 내 눈 밖에 났어.

나 화나면 아주 무서워요. 소심해서 죽기 전까지 곱씹는다고요.

미토콘드리아, 핵, 세포질그물, 골지체, 리보솜, 리소좀님이 들어왔습니다.

저, 저기...

미, 미안해! 사이좋게 지내자!

세포질: 헤헤, 진작 그러실 것이지! 그래 좋아, 사과했으니까 이번만 봐줄게.

Chapter 06 세포 속의 발전소, 미토콘드리아!

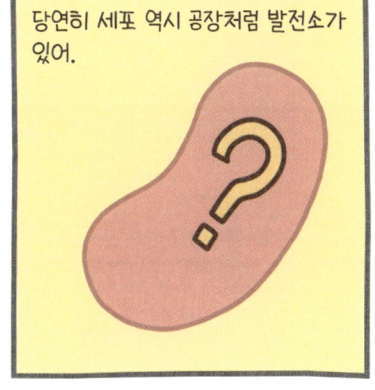

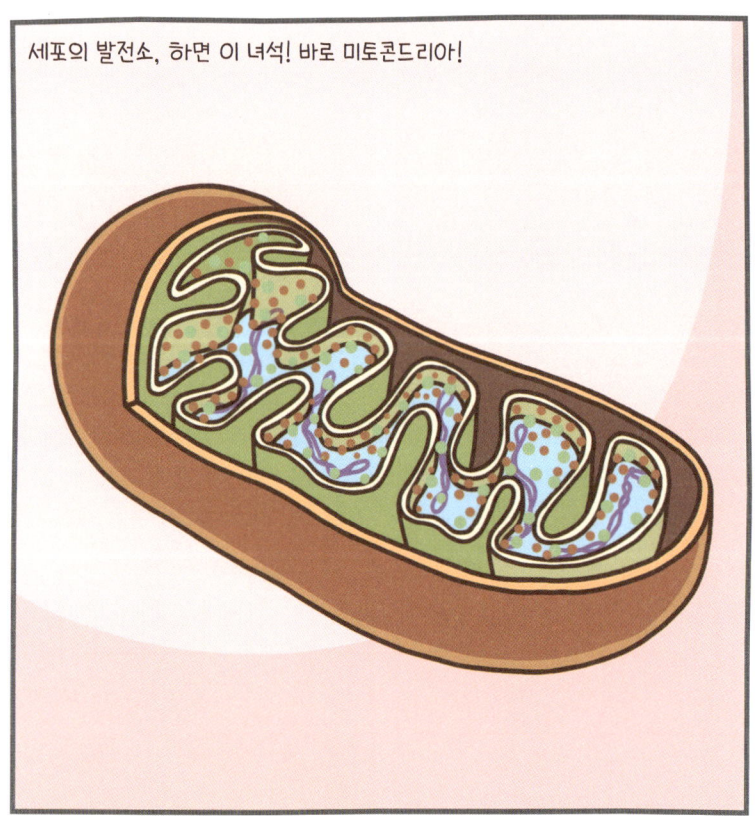

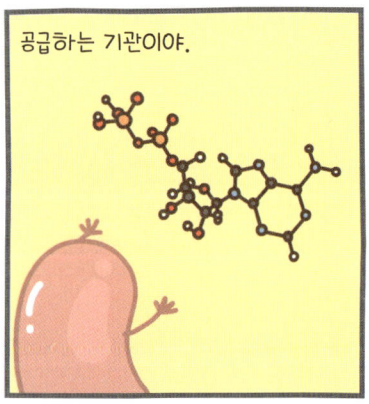
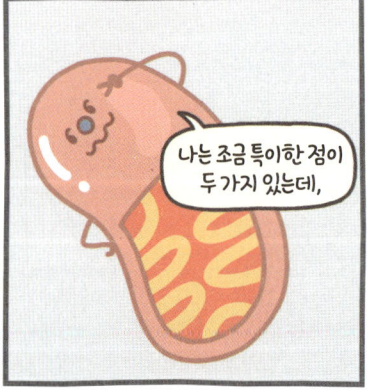

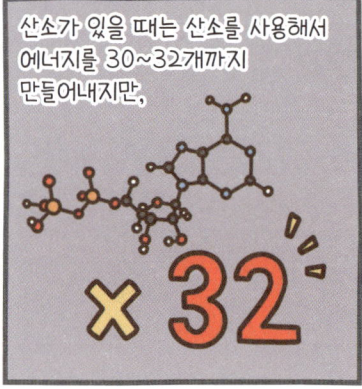
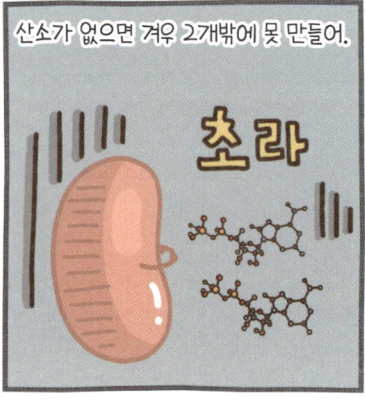

Chapter 06 세포 속의 발전소, 미토콘드리아!

그래서 사람이 숨을 쉬는 거야.

인체의 모든 세포는 에너지가 필요한데,

숨을 쉬지 않으면

내가 만드는 에너지의 양이 16분의 1로 줄어들게 되고

에너지가 모자라면 세포들은 서서히 활동을 멈추지.

세포가 완전히 멈춰버리면 어떻게 되겠어?

그때는 사람도 멈추는 거지, 뭐.

사람이 잠깐 숨을 쉬지 않아도 곧바로 죽지 않는 건

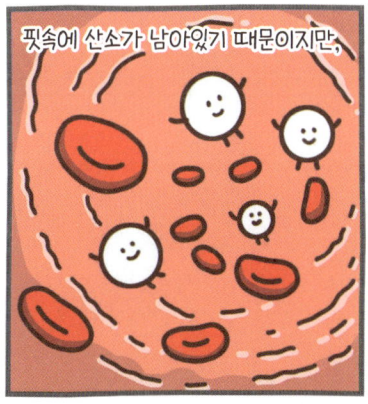
핏속에 산소가 남아있기 때문이지만,

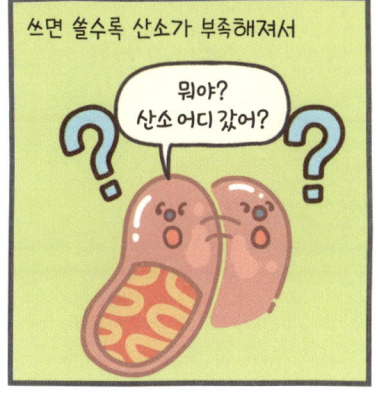
쓰면 쓸수록 산소가 부족해져서

사람은 고통을 느끼기 시작해.

산소가 필요하다고 비명을 지르는 세포들의 신호인 셈이지.

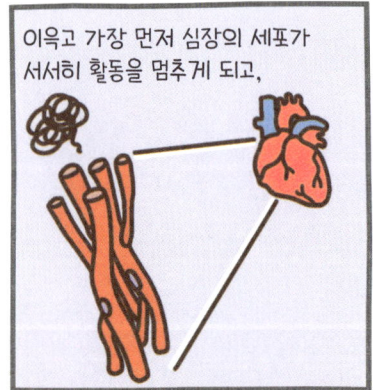
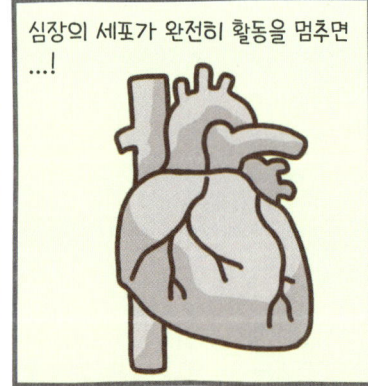

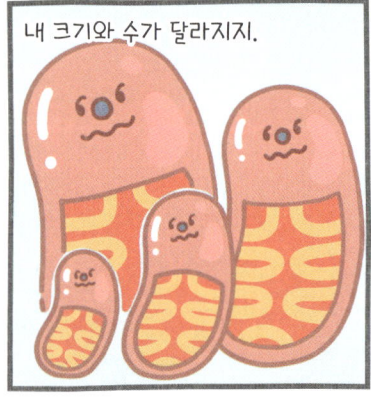
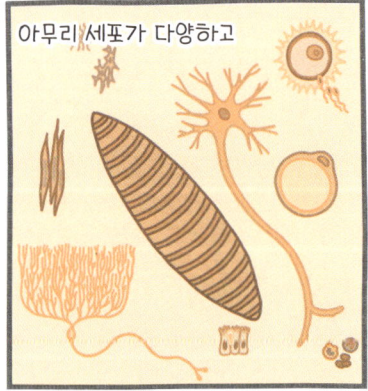

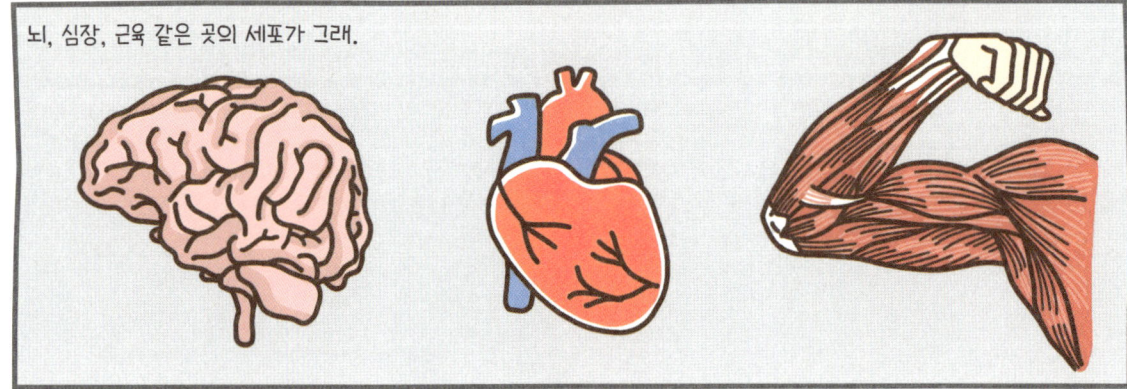

Chapter 06
세포 속의 발전소, 미토콘드리아!

뇌는 생각하거나

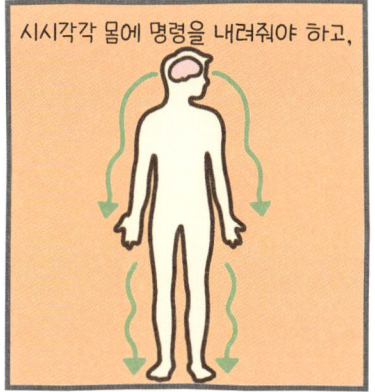
시시각각 몸에 명령을 내려줘야 하고,

근육은 그 명령에 따라 움직여야만 해.

또, 심장은 수많은 세포를 위해서 단 한 순간도 멈춰서지 않고

피를 뿜어내야 하니까 그럴 수밖에.

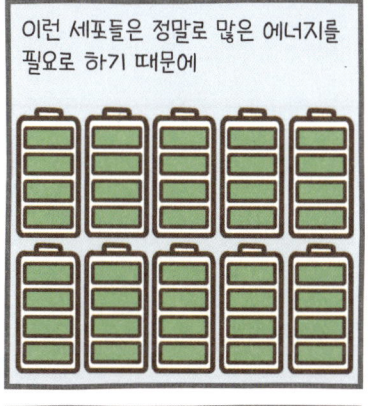
이런 세포들은 정말로 많은 에너지를 필요로 하기 때문에

세포 한 개에 수천 개나 되는 미토콘드리아가 들어가 있을 정도야!

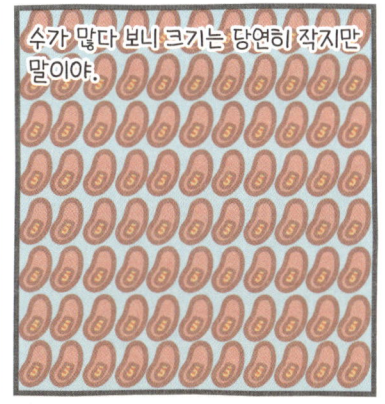
수가 많다 보니 크기는 당연히 작지만 말이야.

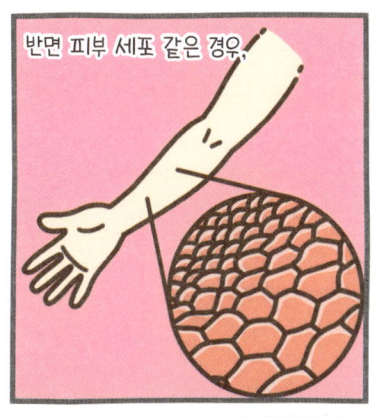
반면 피부 세포 같은 경우,

우리 몸을 보호하는 중요한 역할을 맡고 있긴 해도

많은 양의 에너지가 필요하지 않아서

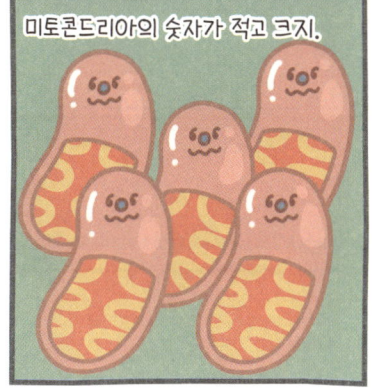
미토콘드리아의 숫자가 적고 크지.

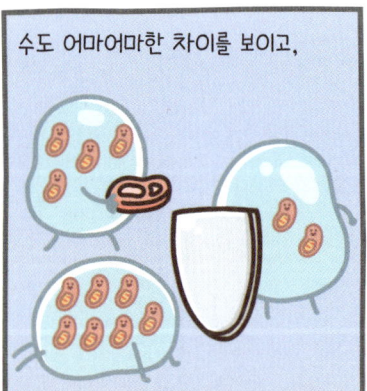
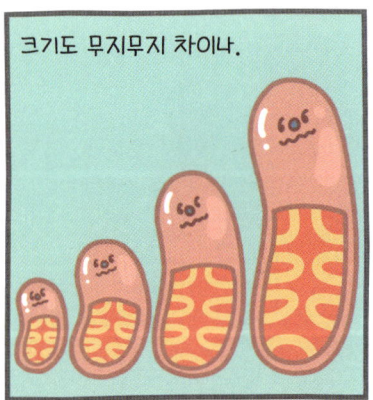

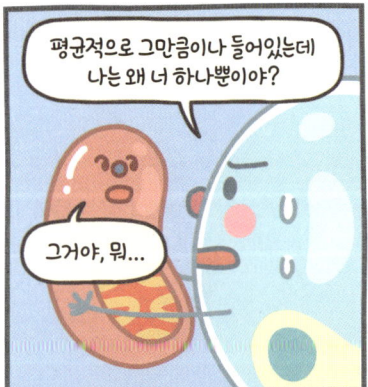

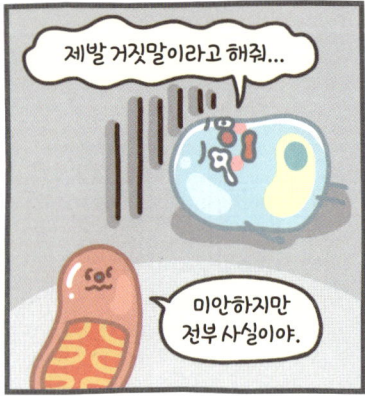
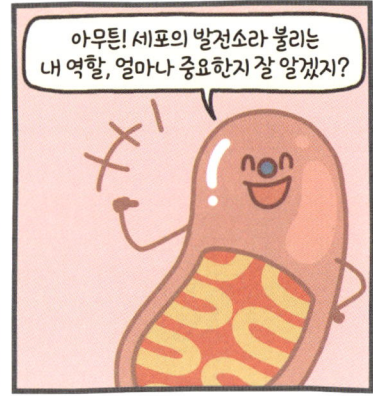

Short Interview 06

세포 편 3

인터뷰어님이 세포님을 초대했습니다.

세포막에 이어 미토콘드리아까지 험담을 했는데, 본인에게 문제가 있다고는 생각해보신 적 없나요?

세포: 이젠 저도 잘 모르겠네요...
분명 옛날에는 이렇지 않았던 것 같아요...

세포:

화기애애하고 즐겁고 행복하고 그랬었는데...
제 자신이 미워요...

세포: 너무 미워서 돌아갈 수만 있다면 돌아가서 말해주고 싶네요.
그만해! 그만 두라고! 멈추란 말이야! 이렇게 말이에요.

그런 식으로 살다간 후회할 날이 기필코 찾아온다고...

세포: 그래도 뭐 어쩌겠어요! 돌이킬 수 없는 걸요.

세포: 저는 제 갈 길 가렵니다!

Chapter 06 | 세포 속의 발전소, 미토콘드리아!

Chapter 07 설계도를 품은 통제실, 세포핵!

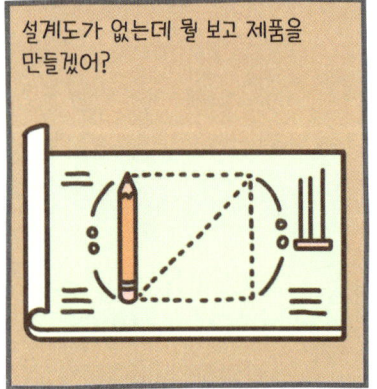

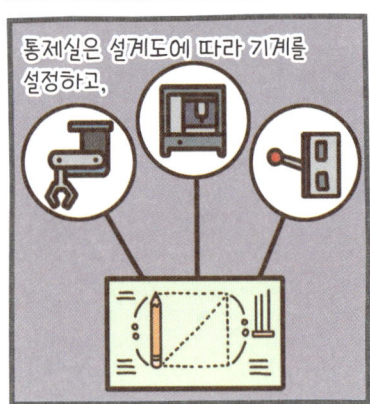

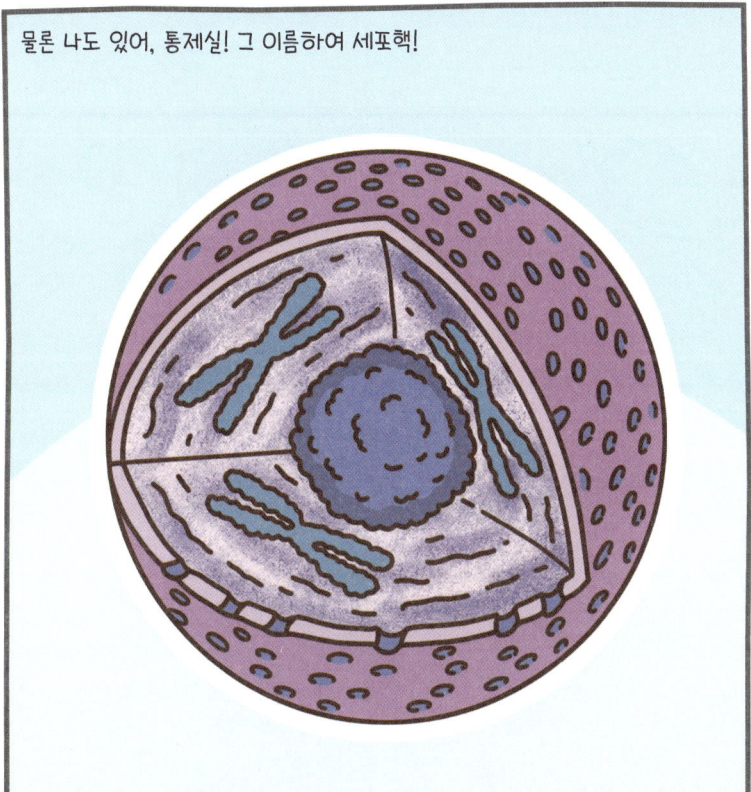

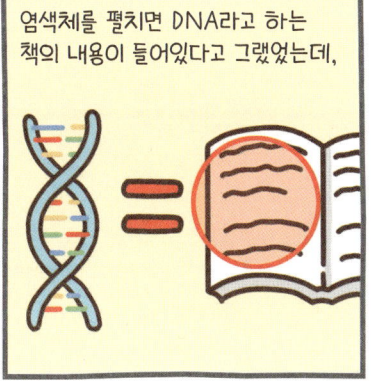

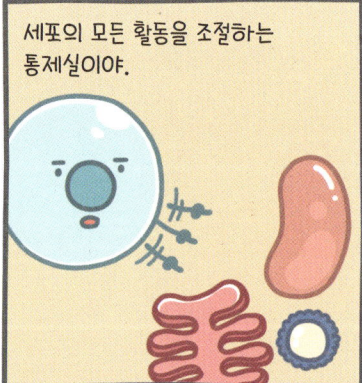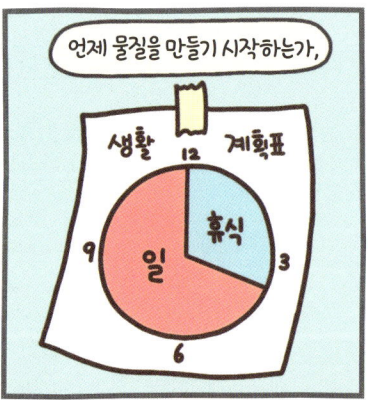
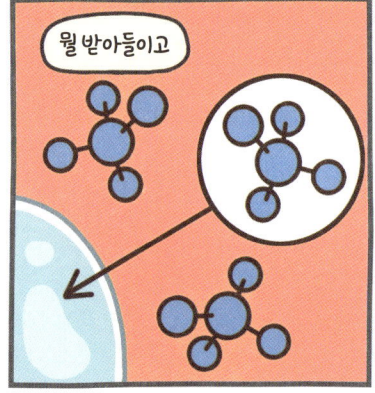
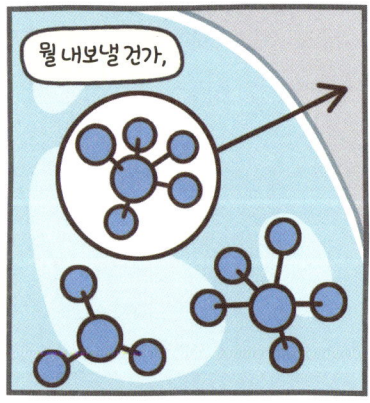

Chapter 07
설계도를 품은 통제실, 세포핵!

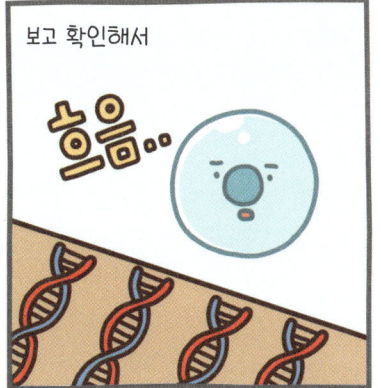

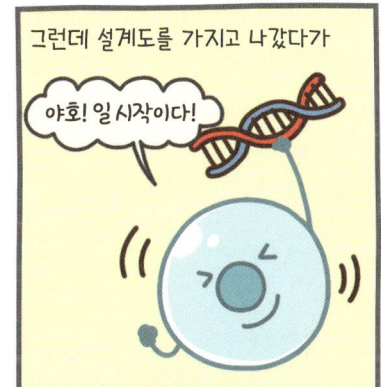
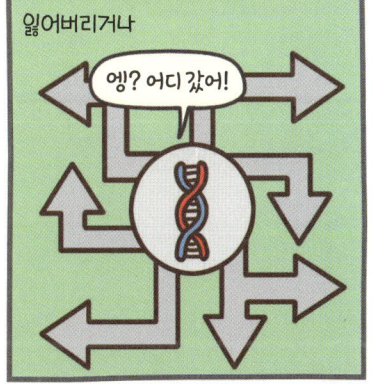

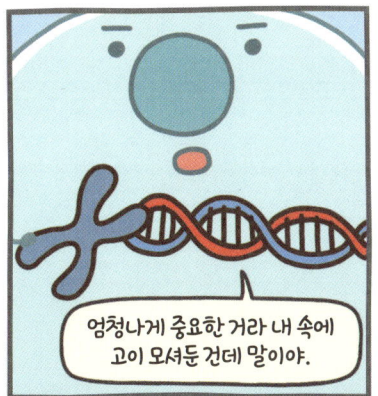

 Short Interview 07

 세포핵 편

> 인터뷰어님이 세포핵님을 초대했습니다.
>
> 세포질처럼 진행에 방해를 받았는데 괜찮으세요?

 아뇨, 괜찮지 않고요. 화가 나네요.
이제는 알겠어요, 세포질의 마음을.

> ???님이 들어왔습니다.

잠깐! 그런 일은 일어나지 않아!

 그러니까 신호를 주면 나오라고!

 지금도 아니야? 미안해...

 답답하다, 정말! 이해가 안 돼! 지금 나오세요, 이러면 짠! 하고 나타나는 게 그렇게 어렵니?

잠깐! 그런 일은 일어나지 않아!

 제발, 좀!!!

Chapter 07 | 설계도를 품은 통제실, 세포핵!

Chapter 08 세포 속 특수요원, RNA!

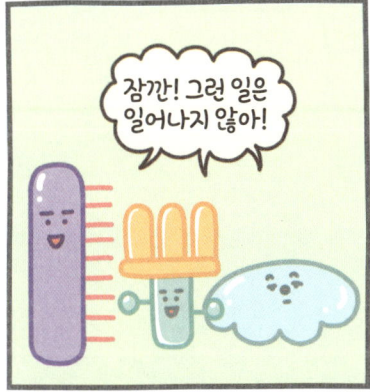

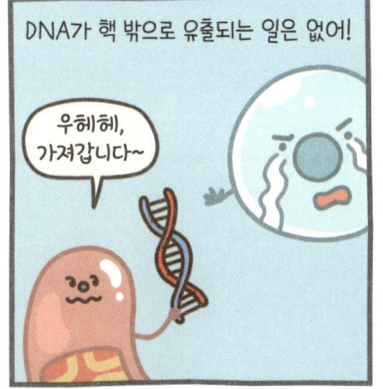
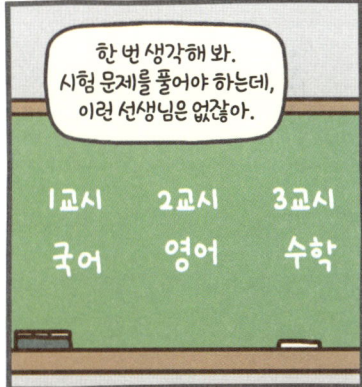

Chapter 08
세포 속 특수요원, RNA!

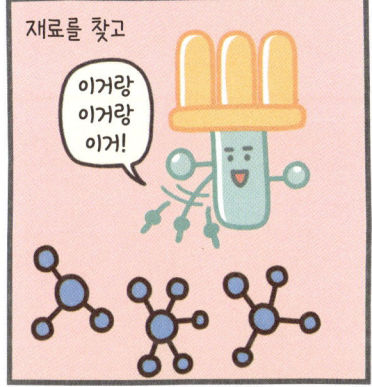

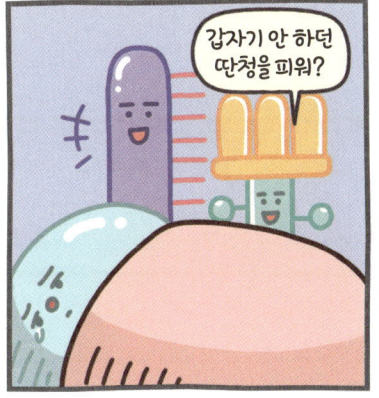

Short Interview 08

rRNA 편

Q. 굉장히 자신감이 떨어져 보인다. 이유는?

Chapter 09 제품을 만들어내요! 리보솜과 세포질그물!

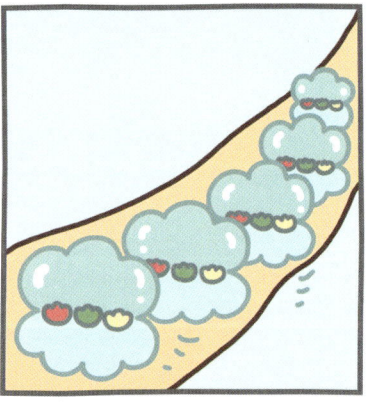
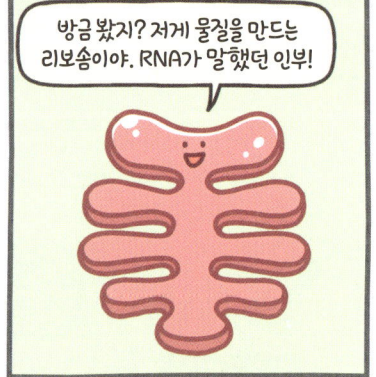

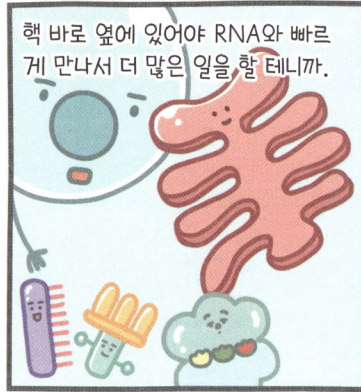
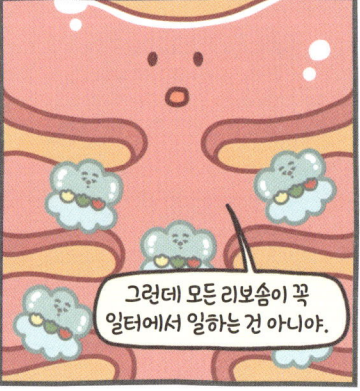

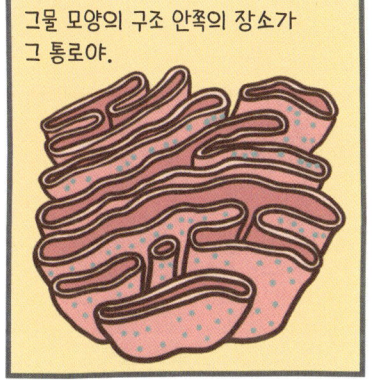

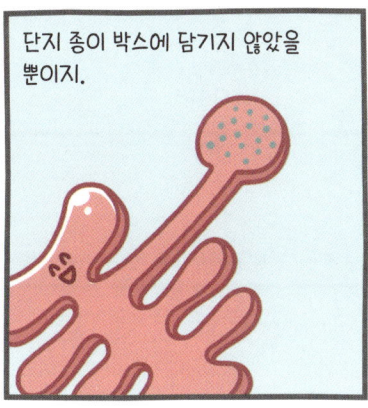
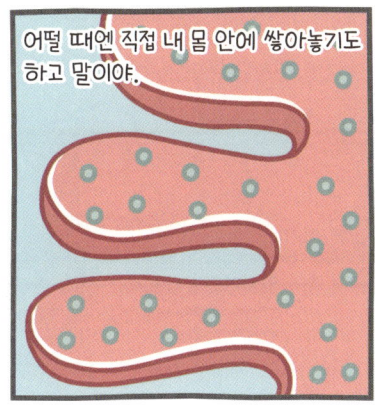
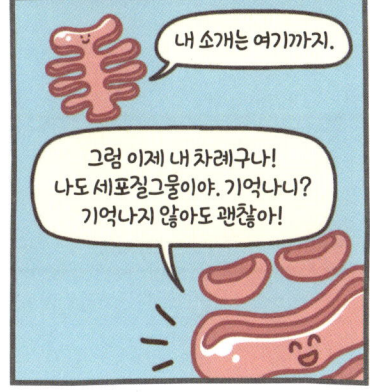

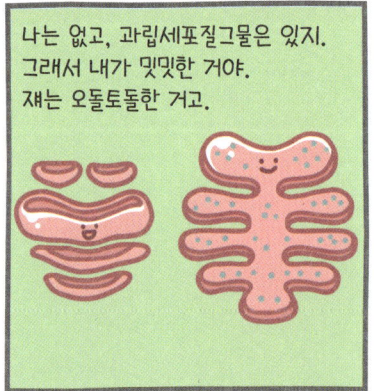

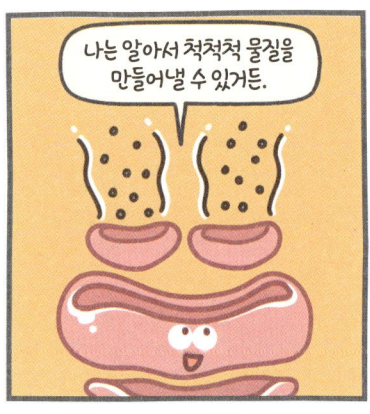

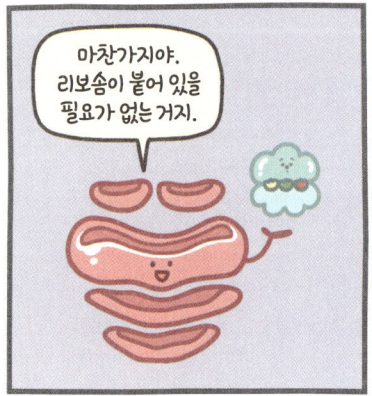

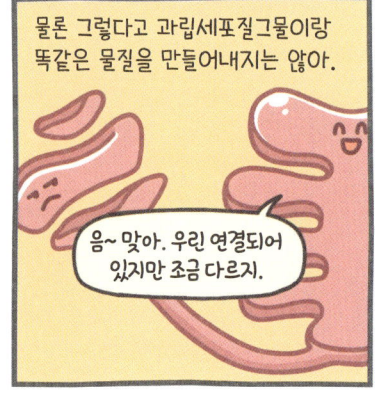

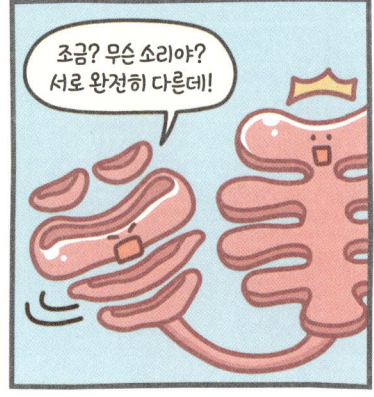

Chapter 09
제품을 만들어내요! 리보솜과 세포질그물!

나는 주로 지방을 만들어내고

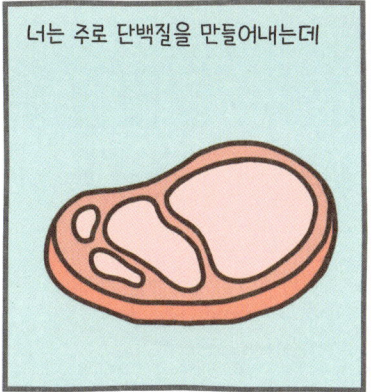

너는 주로 단백질을 만들어내는데

어떻게 조금 다를 수가 있지?

그, 그게...

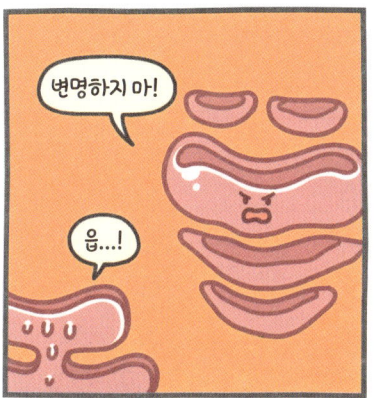

변명하지 마!

읍...!

아무튼 얘기를 계속해보자면, 내가 항상 지방을 만들어내는 건 아니야.

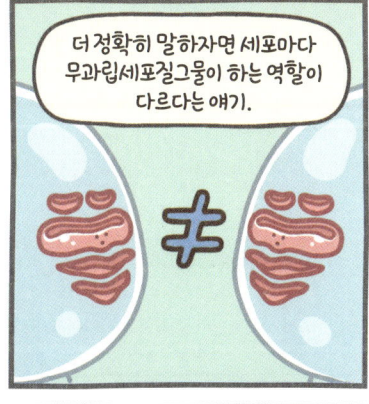

더 정확히 말하자면 세포마다 무과립세포질그물이 하는 역할이 다르다는 얘기.

세포는 역할에 따라 모양이 다른데,

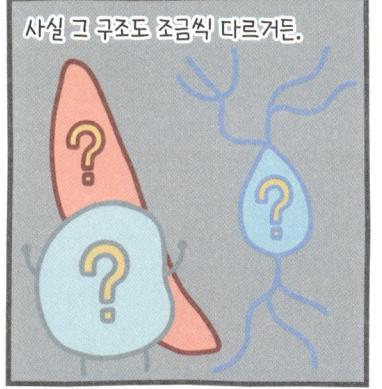

사실 그 구조도 조금씩 다르거든.

그래서 예를 들어 근육세포의 무과립세포질그물이라면,

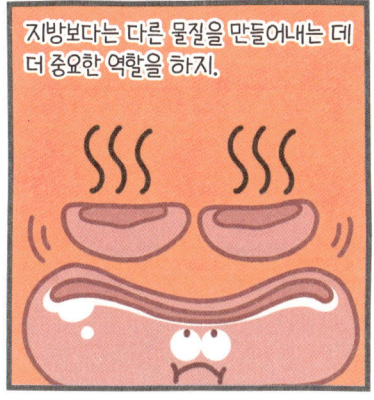

지방보다는 다른 물질을 만들어내는 데 더 중요한 역할을 하지.

우유에 들어 있는 칼슘이나 약물로 사용되기도 하는 스테로이드 호르몬 같은 것들.

쟤? 쟤는 단백질밖에 몰라, 그저 단백질. 사실 따지고 들면 쟤가 만드는 것도 아니야. 붙어 있는 리보솜이 만들지.

윽! 폭로 멈춰!

Short Interview 09 — 리보솜 편

Q. RNA끼리 싸우는 장면을 목격하셨다. 감상 한마디 부탁드린다.

Chapter 09 | 제품을 만들어내요! 리보솜과 세포질그물!

Chapter 10 🔍 과로하고 있어요, 골지체 우체국!

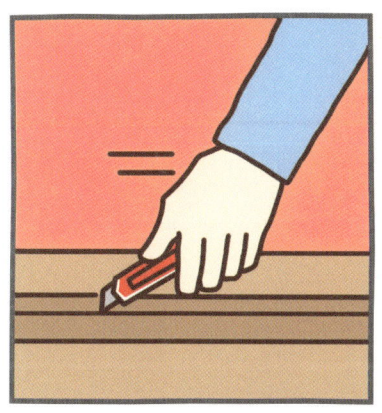

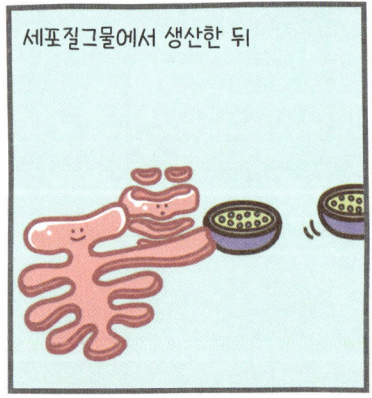

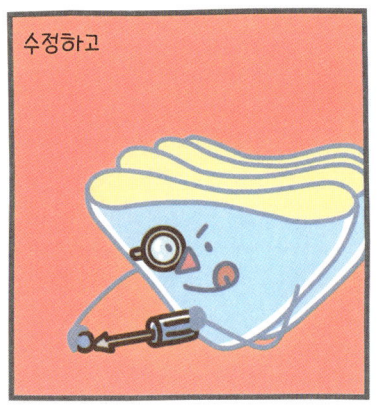

Chapter 10
과로하고 있어요, 골지체 우체국!

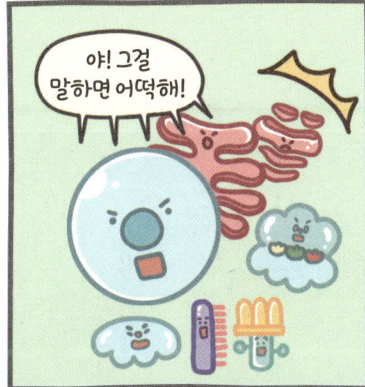

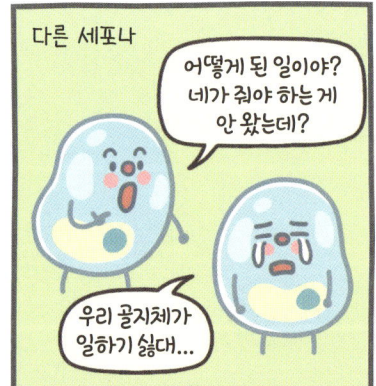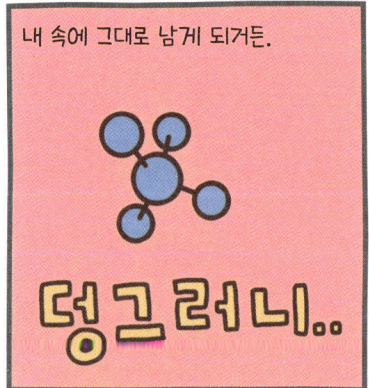

 세포질그물 편

Q. 만들어낸 물질에 문제가 있다고 하는데 사실인가?

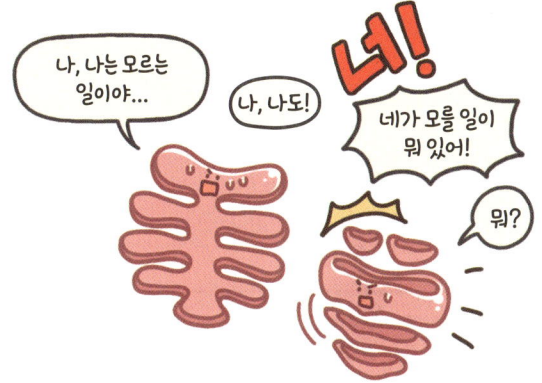

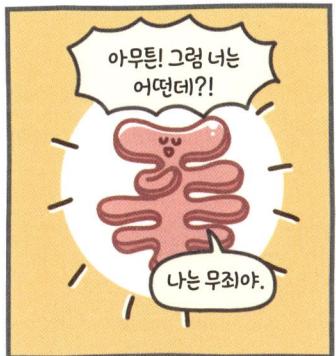

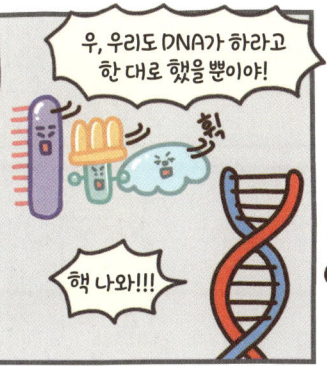

Chapter 10 | 과로하고 있어요, 골지체 우체국!

Chapter 11 🔍 세포 속을 깨끗하게, 청소부 리소좀!

사람이 살다 보면 쓰레기가 나오고

먼지가 쌓이는 건 당연한 일!

문제는 치우지 않으면 쌓이고 쌓여서

쓰레기의 불쾌한 악취가 나거나

먼지가 입으로 들어가고

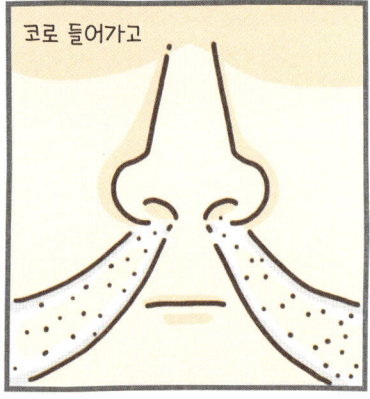
코로 들어가고

난리도 아니라는 거지.

에라 모르겠다, 하고 난장판에서 뒹구는 사람도 있지만,

보통 사람들은 주기적으로 청소를 하며

깨끗한 환경에서 살아가.

가정집이 이런데 하물며 공장은 어떻겠어?

어마어마 무시무시한 쓰레기가 나와.

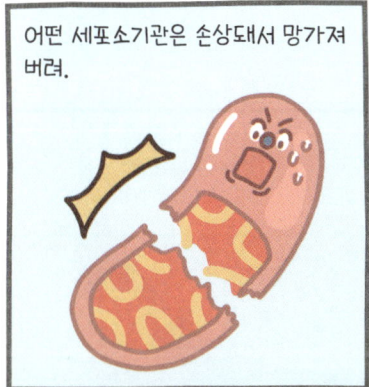

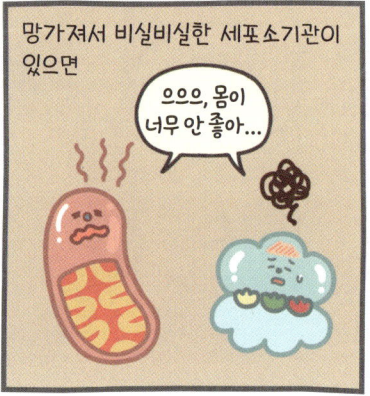

Chapter 11
세포 속을 깨끗하게, 청소부 리소좀!

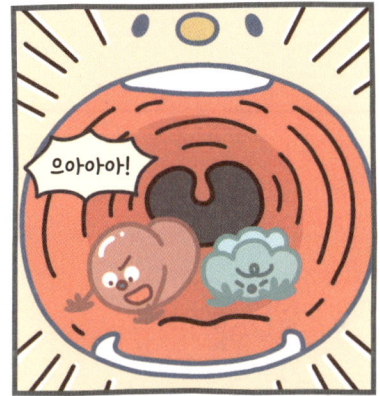

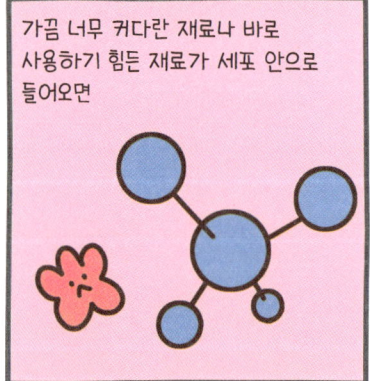
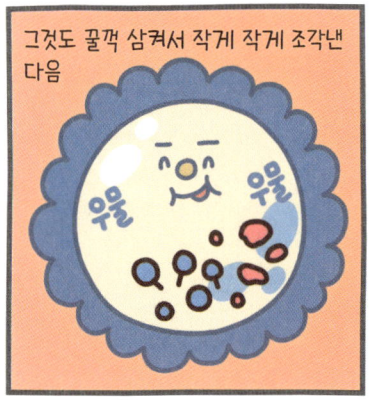

 Short Interview 11

 리소좀 편

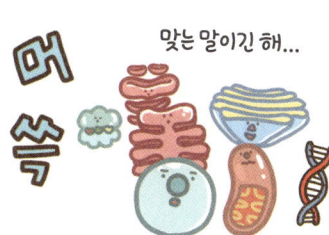

Chapter 11 | 세포 속을 깨끗하게, 청소부 리소좀!

세포는 살아있다!

세포는 우리 몸을 이루는 아주 작은 조각이기도 하지만, 저마다 살아 숨 쉬는 생명체이기도 해. 수많은 세포가 끊임없이 물질을 **생산**하며 서로 **교환**하는 등의 일을 해내기 때문에 우리가 정상적으로 활동할 수 있지. 분명 세포는 엄청 작긴 하지만, 세포 속에는 더 작은 **여러 기관**이 들어 있어서 맡겨진 일을 척척 해낼 수 있어.

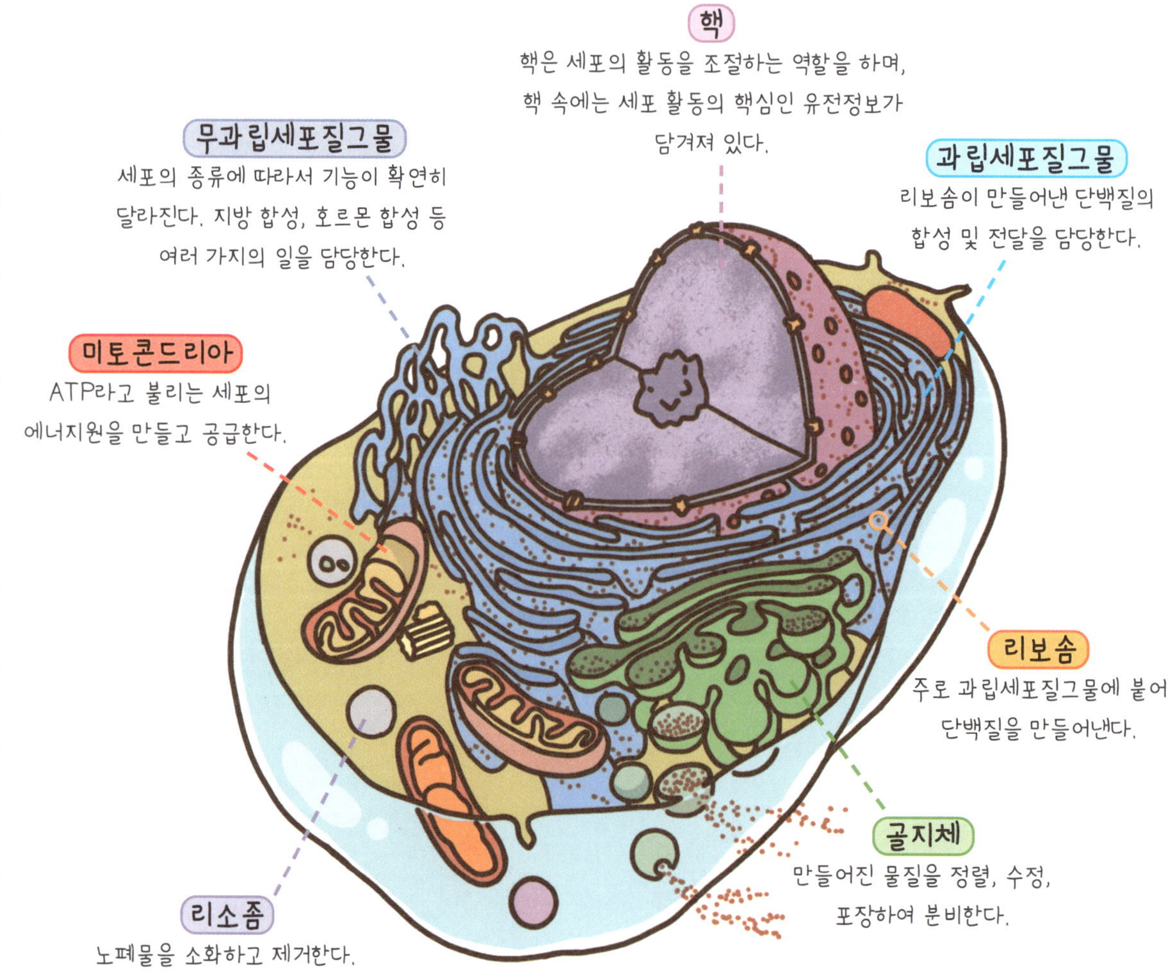

핵
핵은 세포의 활동을 조절하는 역할을 하며, 핵 속에는 세포 활동의 핵심인 유전정보가 담겨져 있다.

무과립세포질그물
세포의 종류에 따라서 기능이 확연히 달라진다. 지방 합성, 호르몬 합성 등 여러 가지의 일을 담당한다.

과립세포질그물
리보솜이 만들어낸 단백질의 합성 및 전달을 담당한다.

미토콘드리아
ATP라고 불리는 세포의 에너지원을 만들고 공급한다.

리보솜
주로 과립세포질그물에 붙어 단백질을 만들어낸다.

골지체
만들어진 물질을 정렬, 수정, 포장하여 분비한다.

리소좀
노폐물을 소화하고 제거한다.

Chapter 12 물질 교환하는 세포들!

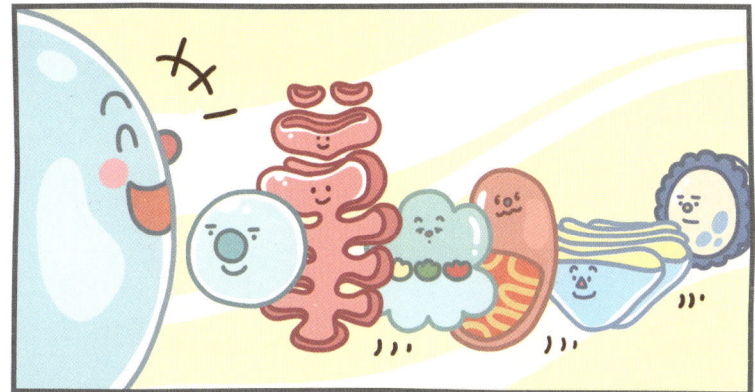

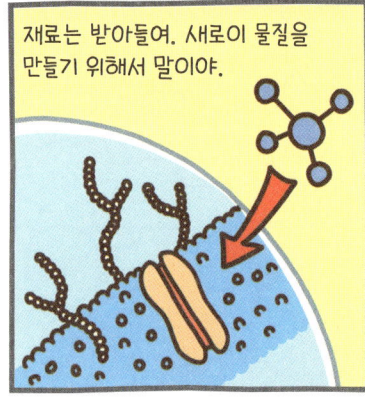
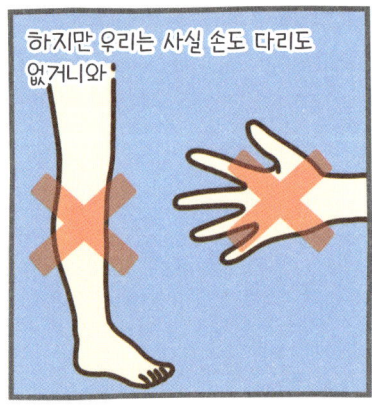

Chapter 12
물질 교환하는 세포들!

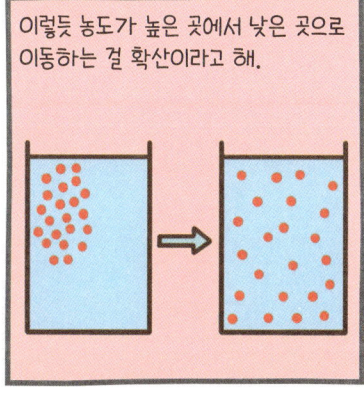

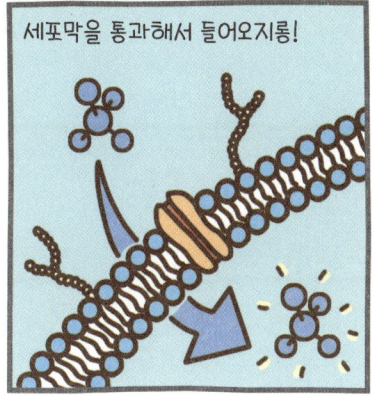

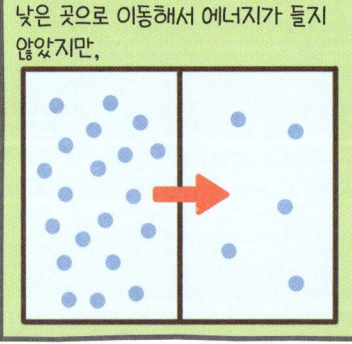
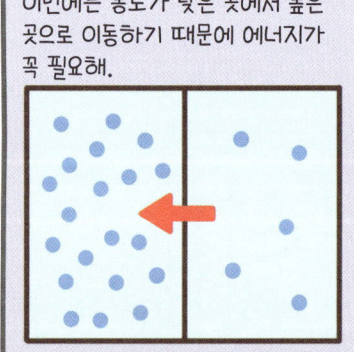

Chapter 12
물질 교환하는 세포들!

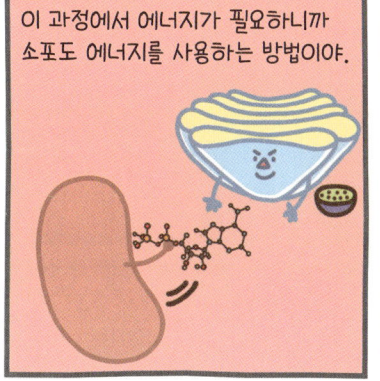

Short Interview 12

 물질 편

Q 세포 사이의 물질 이동을 알아봤는데 물질에는 무엇이 있나요?

너무 많아서 말씀드리기가 곤란하긴 한데...
일단 가장 중요한 건 **탄수화물, 단백질, 지방**이죠!

탄수화물

밥이나 빵에 주로 들어 있는 탄수화물만 해도 종류가 엄청나게 많아서 여러 역할을 하는데요. 에너지원으로 사용되는 건 물론이고 신호 전달에 쓰이기도 하며, 관절에서 윤활제로도 쓰입니다. 이외에도 많은 부분에 영향을 미치죠.

단백질

고기나 생선에 주로 들어 있는 단백질 역시 종류가 엄청 다양하고요. 세포막의 문 역할도 하지만 탄수화물과 마찬가지로 신호 전달을 맡기도 하죠.

지방

버터, 식용유에 주로 들어 있는 지방도 그래요. 지방이라고 다 똑같은 지방이 아니에요. 역할도 무수히 많고요. 이외에도 많은 물질이 있으니 일일이 말하려고 하다가는 며칠 동안 날밤을 새우게 될 겁니다.

신호 전달

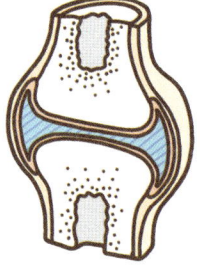
관절 윤활제

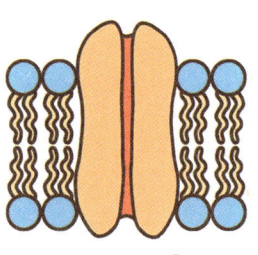
세포막의 문

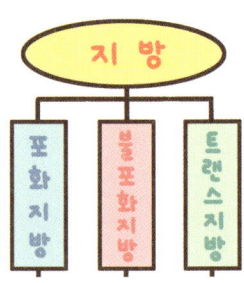

Chapter 12 | 물질 교환하는 세포들!

Chapter 13 세포, 성장하다!

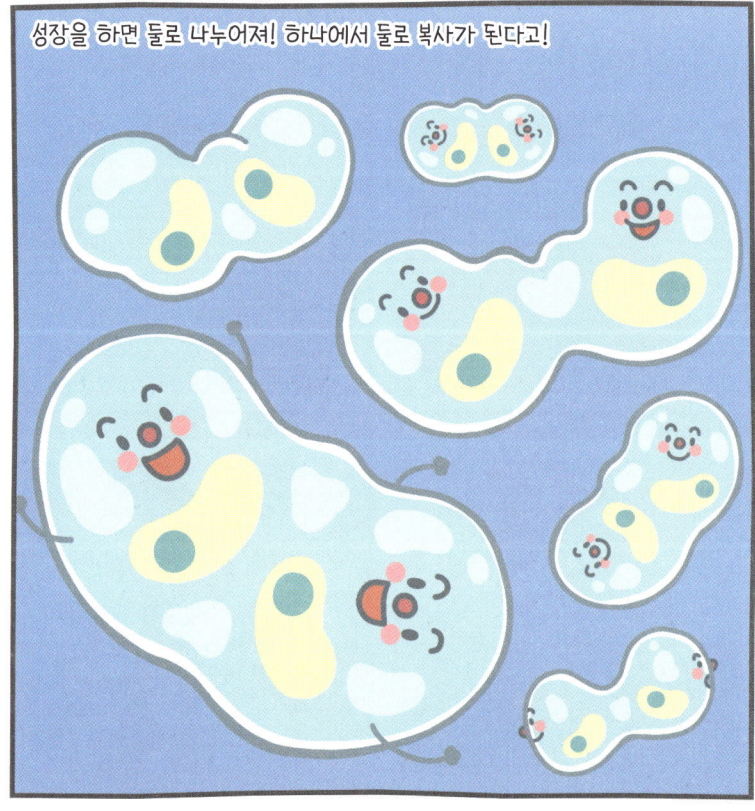

Chapter 13
세포, 성장하다!

둘로 나누어졌을 때 어느 한 쪽만 책을 가지고 있으면 안 되니까.
너 하나! 나 하나!
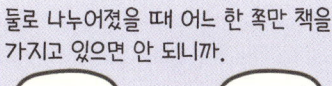

그 후에는 나머지 필요한 것들을 준비해.
또 뭐가 필요하더라...
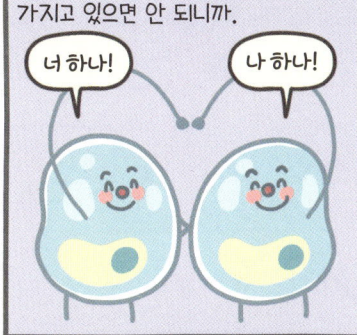

세포질그물, 리보솜, 미토콘드리아 등등.

책과 마찬가지야. 어느 한 쪽에만 몰려 있으면 안 되잖아.

이렇게 준비가 끝나면 이젠 실제로 나누어질 일만 남았어.

핵막이 사라지고, 복제된 것들이 중앙에 모였다가

양쪽 끝으로 분리가 돼.
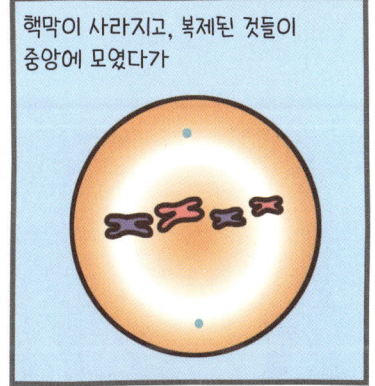

분리가 끝나면 사라졌던 핵막이 다시 생겨나면서 핵은 두 개가 되지.
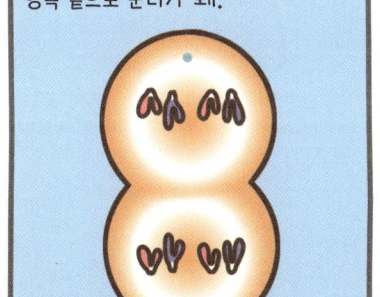

끝내는 새롭게 생긴 두 핵 사이로 새로운 세포막이 만들어지기 시작하는데,
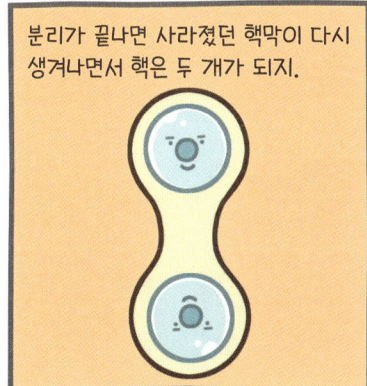

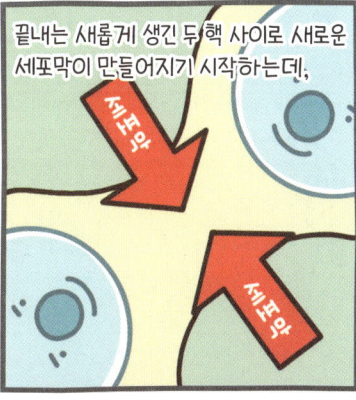

세포막이 두 핵 사이를 완전히 가르면...!
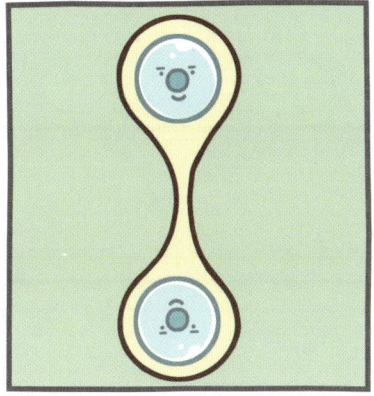

짠! 세포가 하나에서 둘로 나뉘는 거야!
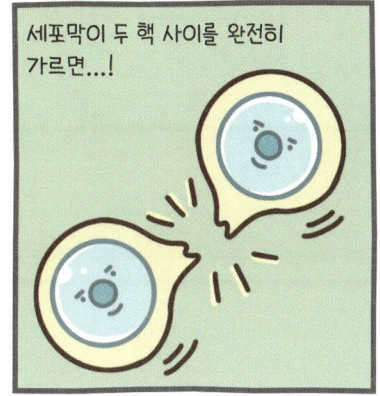

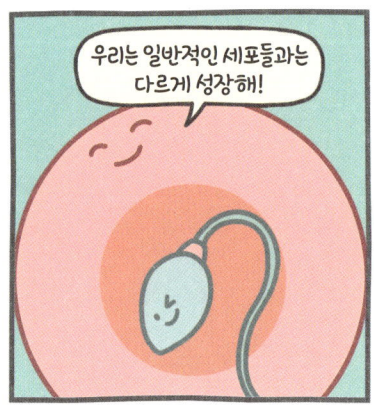
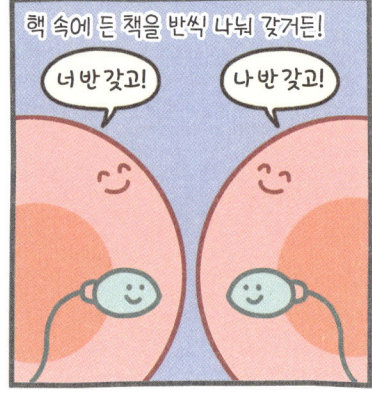

Chapter 13
세포, 성장하다!

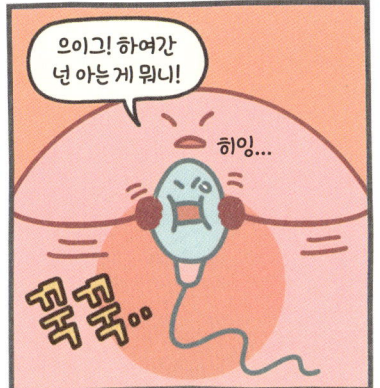

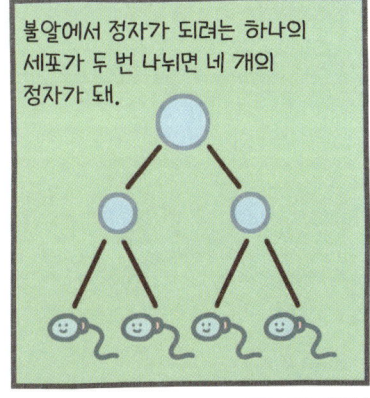

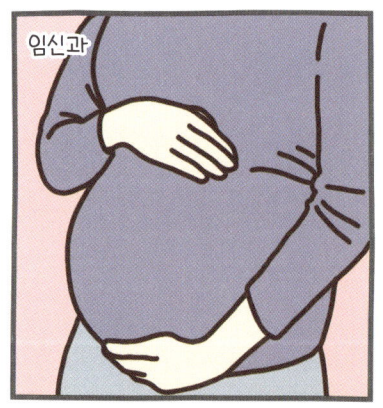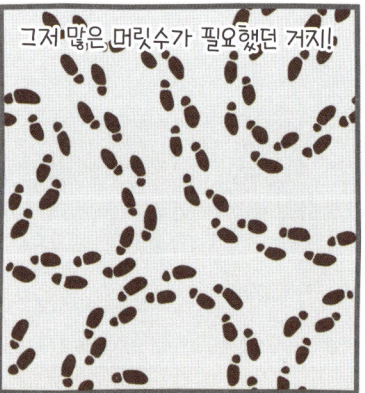

Chapter 13
세포, 성장하다!

실제로 정자는 핵을 제외한 거의 모든 세포질과 세포소기관들이 제거된 세포야.

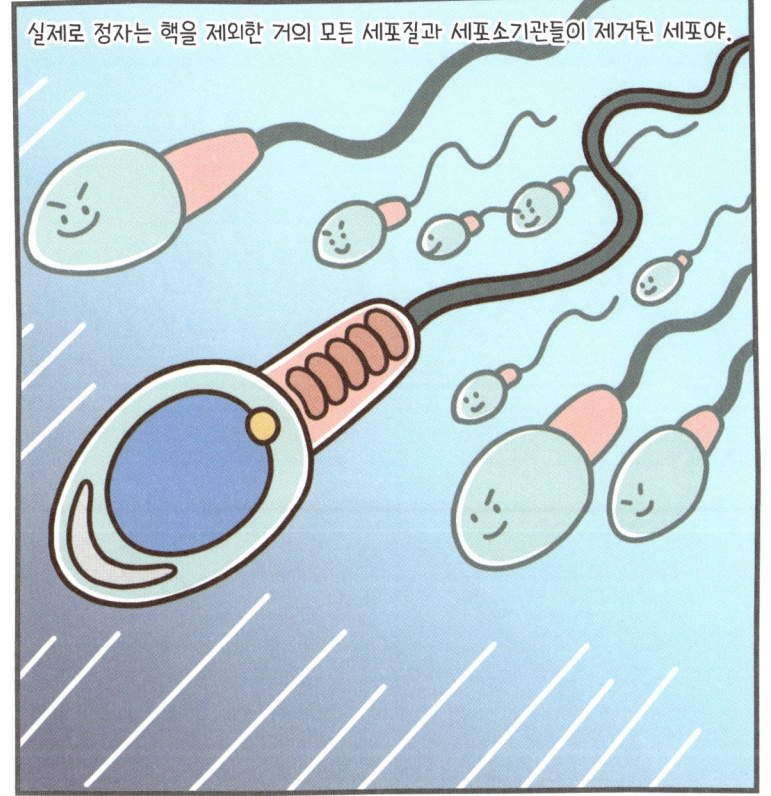

맞아! 정자 속에는 우리가 없어!

움직이기 위한 에너지를 만들어주는 미토콘드리아만 잔뜩 들어 있지.

정자가 헤엄칠 수 있도록 에너지를 잔뜩 만들자!

하지만 난자는 그렇지 않아. 난자에는 세포막, 핵, 세포질그물, 골지체, 리보솜, 리소좀 등 세포의 기본적인 세포소기관들이 모두 있을 뿐만 아니라, 다른 기관까지 있어.

부챗살관
부챗살 모양의 관. 난자를 보호하기 위한 기관이다.

투명대
난자를 덮고 있는 외피. 1개의 정자만 난자에 침입하도록 하며, 그후 다른 정자는 침투하지 못하게 된다.

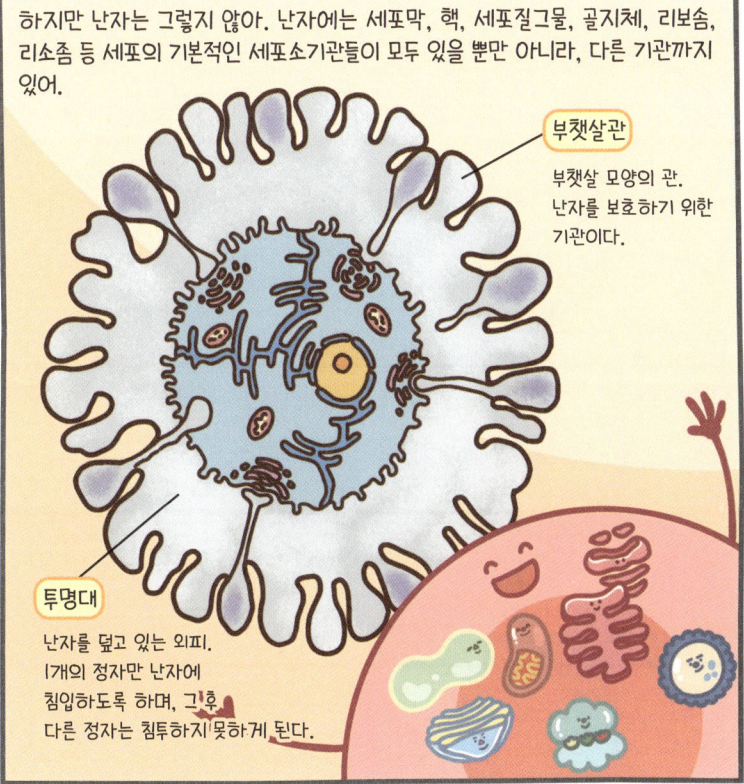

난소는 여자의 난소 속에 들어 있다가

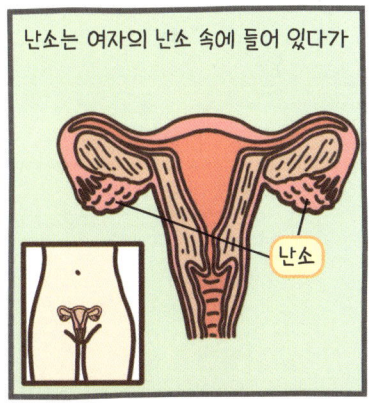

난소

성장을 마치면

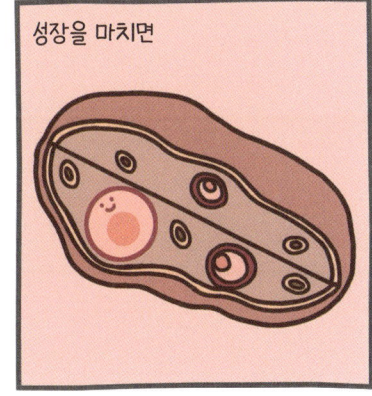

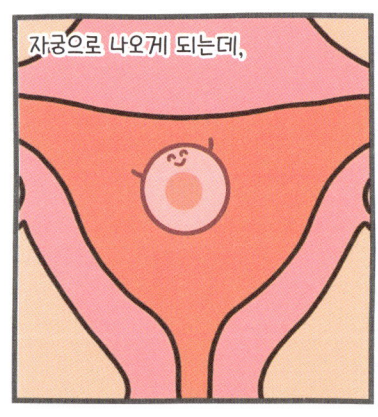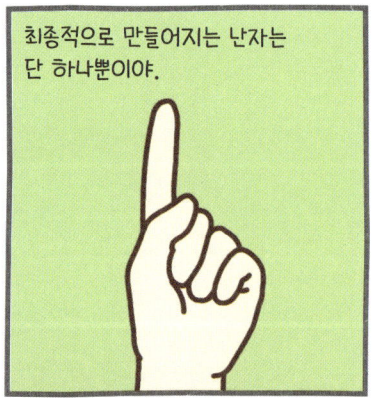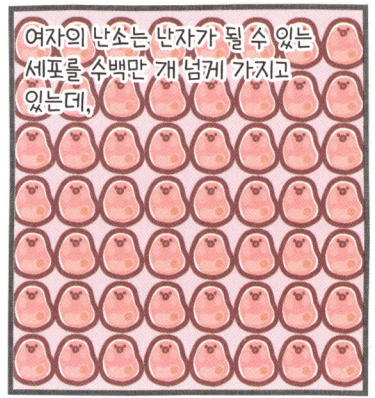

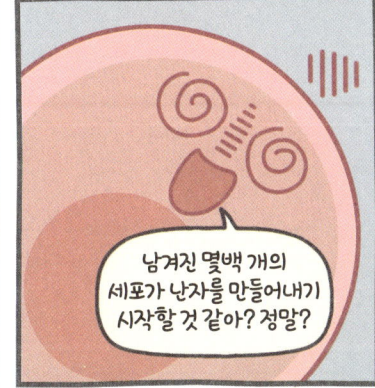
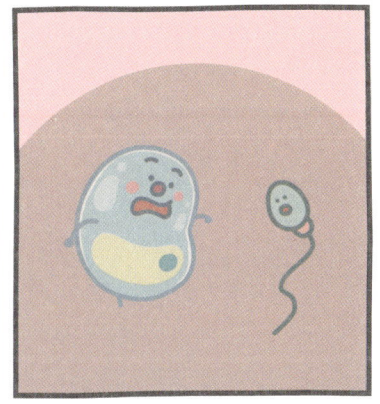

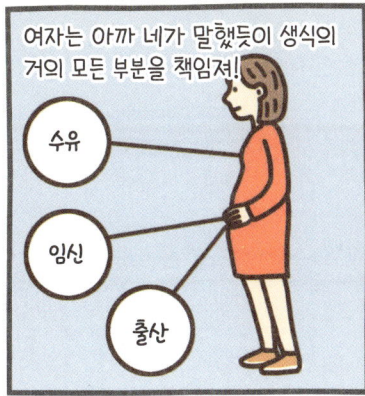

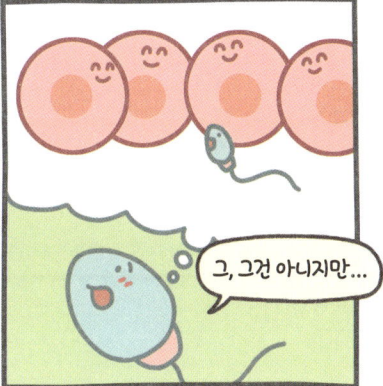

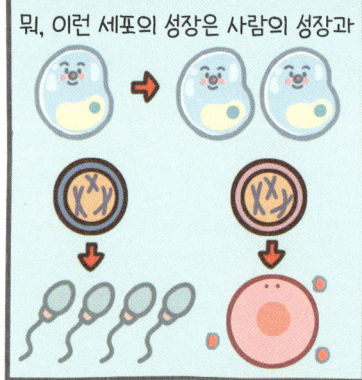

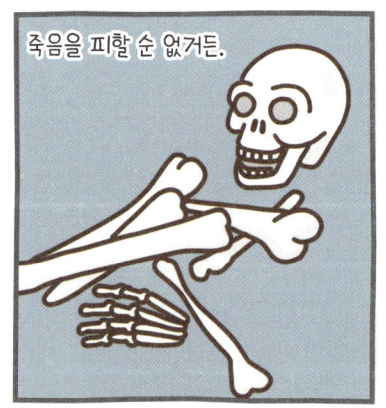

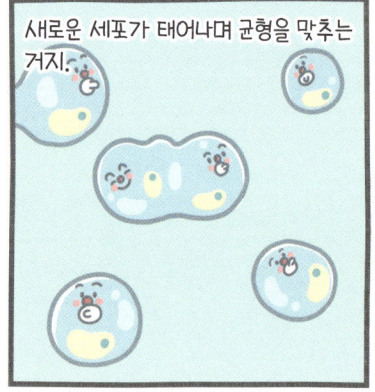

Short Interview 13

 세포 성장 편

Q 세포는 왜 커지지 않고 수를 늘리며 성장하나요?

다 이유가 있죠.
그러는 편이 **물질교환, 물질흡수**에 유리하거든요.

이렇게 서로 다른 크기의 공들이 있다고 생각해봅시다.
이제 우리는 그 공들을 염색약이 담긴 고무 대야에 넣을 거예요.

탁구공처럼 크기가 작은 공들은 모두 염색이 될 거고요.
농구공처럼 커다란 공들은 일부분만 염색이 될 겁니다.
물론 작은 공들이 모두 염색이 됐다고 해도 커다란 공들보다는 염색된 면적이 작습니다.

하지만 작은 공을 큰 공의 크기만큼 여러 개 넣었다면 얘기는 달라집니다. 탁구공과 농구공의 크기 차이는 약 215배!
한마디로 농구공 하나를 넣을 면적에 탁구공을 215개나 넣을 수 있다는 말이죠.

2,304π㎤　크기　10.7π㎤

탁구공을 215개 넣을 경우 염색되는 겉넓이는 3,440π㎠.
농구공이 전부 염색됐다고 하더라도 농구공의 겉넓이인 576π㎠와는 약 6배의 차이가 나게 됩니다.

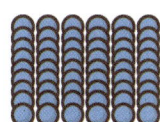 

3,440π㎠　겉넓이　576π㎠

그럼 이제 공을 세포로 바꾸어 생각해 보세요. 세포가 나뉘며 수를 늘리는 이유가 짐작이 가죠? 크기가 큰 하나의 세포보다 크기가 작은 여러 개의 세포로 이루어져 있어야 표면적이 넓어져서 그만큼 물질교환, 물질흡수에 유리해지니까요.

Chapter 14 세포가 아프다? 질병!

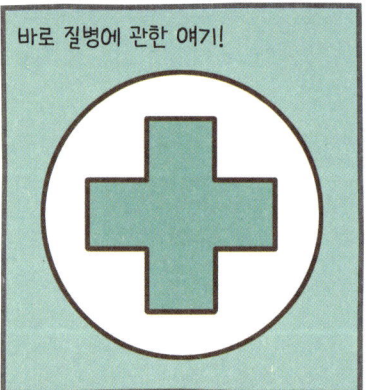

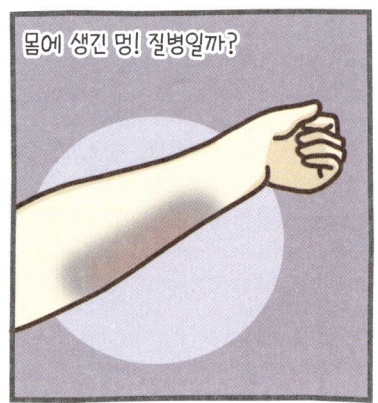

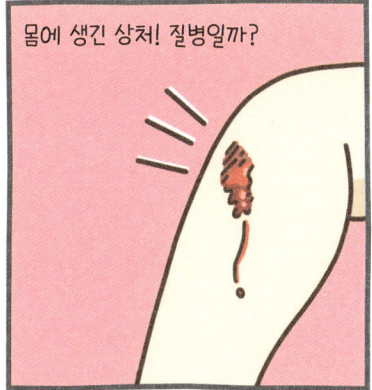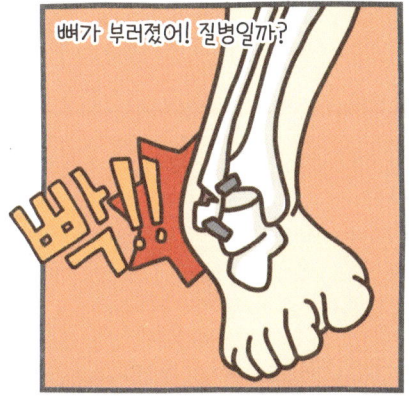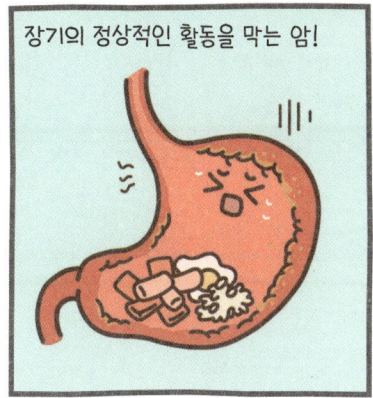

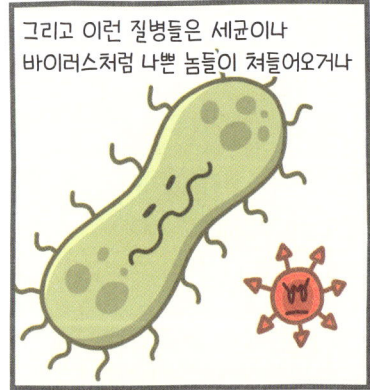

사람의 몸에서 일어나는 사건이고, 사고야! 언제 어디서 어떤 일이 일어날지는 아무도 몰라! 알쏭달쏭하다고?

Short Interview 14

사람 편 2

Q. 이번에도 알고 그랬나?

Q. 그렇다면 도망친 이유는 무엇인지?

Chapter 14 | 세포가 아프다? 질병!

Chapter 15 세포는 왜 아플까?

온갖 음식을 먹기 때문이야.

그 결과, 각종 스트레스와

수없이 많은 자극,

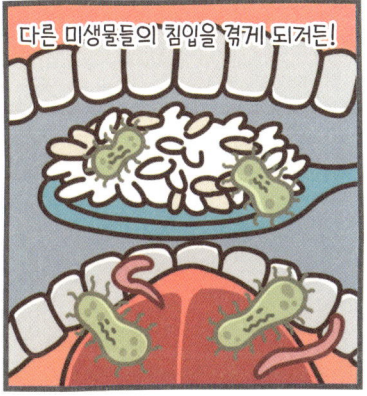

다른 미생물들의 침입을 겪게 되거든!

물론 세포들은 이런 자극에 굴하지 않고 잘 살아가려고 항상 노력하지.

아자! 아자! 파이팅!

외부환경이 바뀌면 바뀌는 대로

몸속이 변하면 변하는 대로

변화에 발맞춰서 세포의 상태를 일정하게 유지하며 살아걸랑.

강한 파도를 어떻게든 버텨내려는 배처럼!

그래서 견딜 수 있을 만큼의 자극이라면 어느 정도는 적응해.

이쯤이야...!

그런데 더 강한 자극이 들어오면

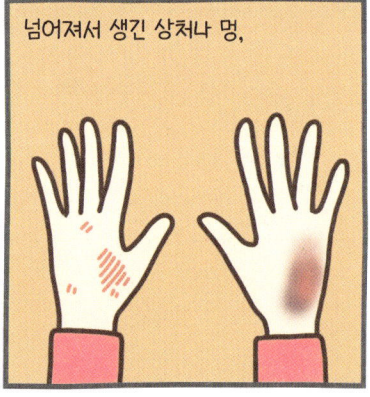

 **Short Interview 15**

 질병 편

Q 질병에는 어떤 것이 있나요?

보는 관점에 달라지겠지만 세상에는 최소한 **만 개 이상의 질병**이 존재해요.
그걸 제가 전부 알려준다는 건 말이 안 되겠죠?
그리고 말을 해준다고 해도 그중에서 하나라도 제대로 기억할런지!
최소 만 개에요, 만 개! 열 개, 백 개가 아니라!

Q 그게 아니라 질병에는 어떤 종류가 있냐고 물은 겁니다.

아~ 그랬구나. 그 답은 쉽죠.
질병은 크게 **감염성 질병**과 **비감염성 질병**으로 나뉘어요.

감염성 질병

감염성 질병은 바이러스, 세균, 곰팡이, 기생충 같은 나쁜 녀석들이 사람의 몸에 침입해서 일으키는 병을 말해요. 이 녀석들은 세포를 괴롭혀서 제대로 일을 못하게 만들거든요. 세포를 잡아먹거나 파괴하면서 말이에요. 감염성 질병에는 감기, 독감, 폐렴, 결핵, 파상풍 등 다양한 병들이 있어요. 무시무시한 코로나19도 감염성 질병이랍니다.

비감염성 질병

비감염성 질병은 환경이라든지, 유전, 식생활 습관 등이 문제가 되어 발생하는 질병이에요. 흡연, 음주, 비만, 영양 섭취 부족, 나트륨 과잉 섭취 등의 생활 습관과 유전이 주된 원인이죠. 여러 원인이 이유가 되어 사람 몸의 세포들이 정상적인 활동을 못하게 됐기 때문에 몸에서 문제가 생겨난 거랍니다. 고혈압, 뇌졸증, 당뇨병, 급성심근경색, 뇌경색 등 비감염성 질병에도 다양한 병들이 있어요. 우리가 아는 암도 비감염성 질병 중의 하나죠. 모든 암이 그런 건 아니지만요. 일부 암들은 바이러스에 의해서 발생하기도 하거든요.

Chapter 16 세포, 적응하다!

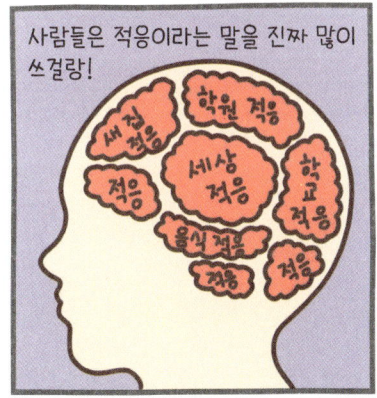

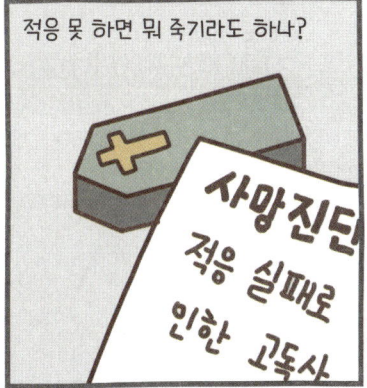

덩치가 커진다, 비대!

숫자가 늘어난다, 증식!

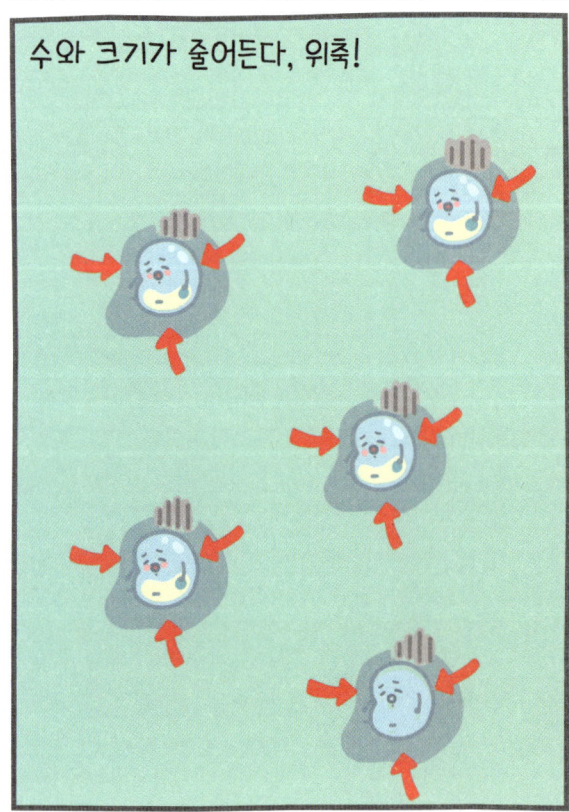

수와 크기가 줄어든다, 위축!

완전히 다른 세포로 바뀐다, 화생!

Short Interview 16

 신혼부부 편

Q. 즐거운 신혼여행을 만끽하지 못한 것 같다.

외로운 세포에게 너무들 하시네...

Chapter 16 | 세포, 적응하다!

Chapter 17 세포의 덩치가 커졌다고요? 비대로군요!

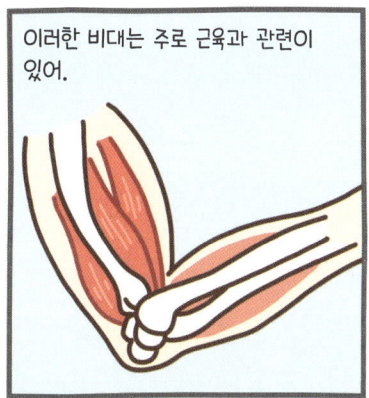

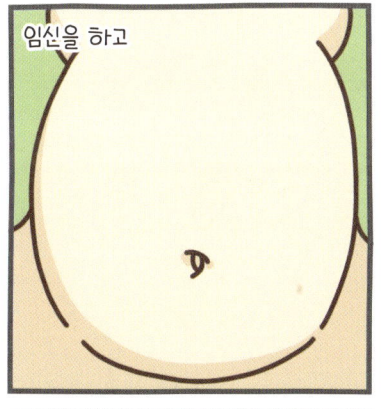
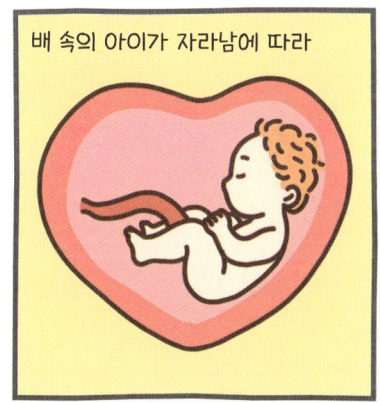
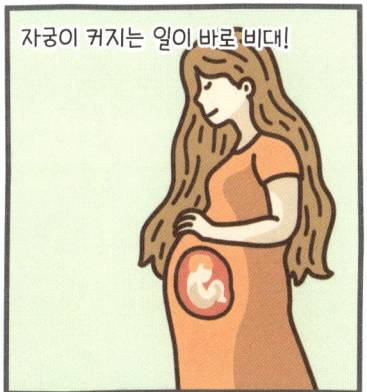
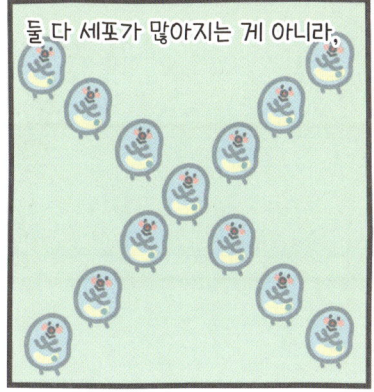
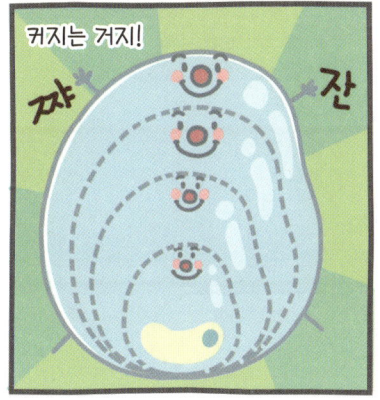

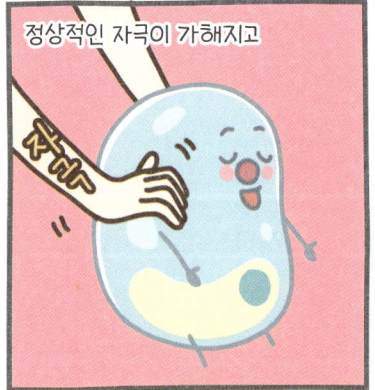

Chapter 17
세포의 덩치가 커졌다고요? 비대로군요!

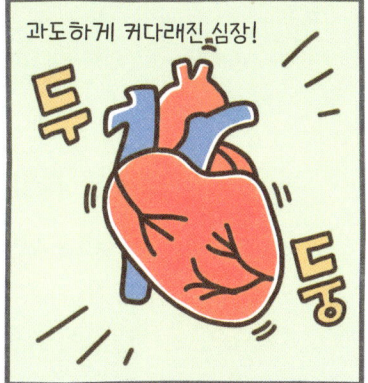

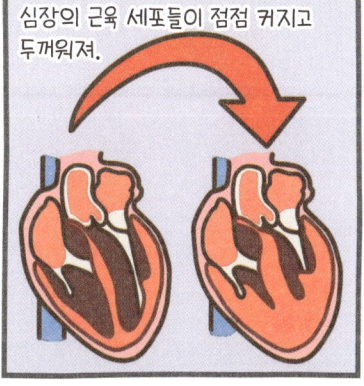

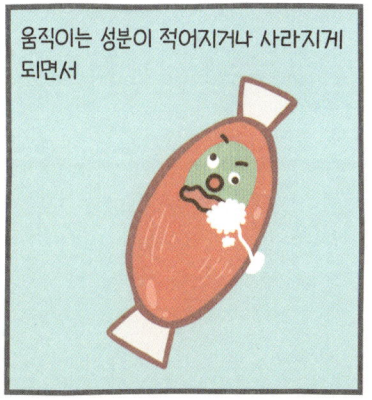

Short Interview 17

 비대 편

Q 살찌는 것도 근육처럼 적응해서 비대한 결과인지?

예, 그렇습니다. 살찌는 것도 **비대**로 인한 것입니다.

그런데 살은 원래 뼈와 가죽 사이의 근육과 지방을 모두 이르는 말이에요. 삼겹살, 갈매기살, 부챗살 등의 고기를 봐도 허연 지방만 있는 게 아니라 근육도 함께 있잖아요. 그러니까 다음부턴 **지방**이나 **지방세포**라고 해주세요!

지방세포

지방세포는 쓰고 남은 영양분을 지방 형태로 저장해서 필요할 때 에너지로 사용할 수 있게 해주는 세포예요. 이밖에도 세포 사이의 신호전달에 쓰이는 물질을 만들거나 몸에 열을 내는 등의 일을 하죠.

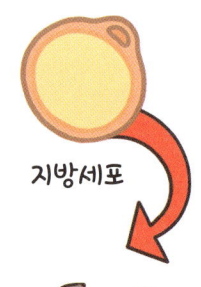

지방세포

그래서 살쪘다는 사람들은 지방세포 속에 지방이 과도하게 많이 저장된 상황이라고 볼 수 있는데요. 사용할 영양분보다 많은 양의 영양분을 섭취했기 때문에 벌어진 일인 거죠.

에너지

간단히 말해 밥을 너무 많이 먹었다는 얘기입니다. 지방세포들이 영양분이 넘쳐나는 환경에서 적응한 결과, 비대하여 살이 찌게 됐다는 말씀! 사람에 따라서 영양분을 사용하는 양이나 효율이 달라지기 때문에 얼마큼 먹으면 살이 찌기 시작한다고 말씀드릴 수는 없겠지만 말이에요.

Chapter 17 | 세포의 덩치가 커졌다고요? 비대로군요!

Chapter 18 세포의 수가 늘어났다뇨? 아하! 증식!

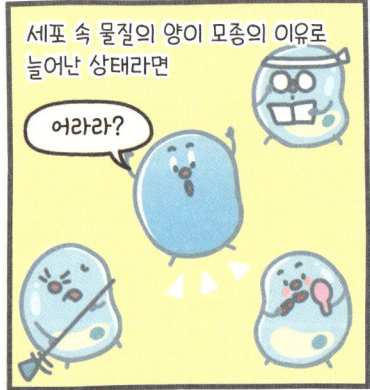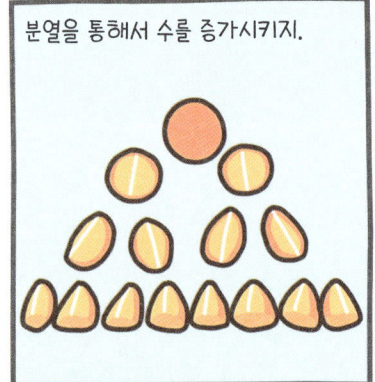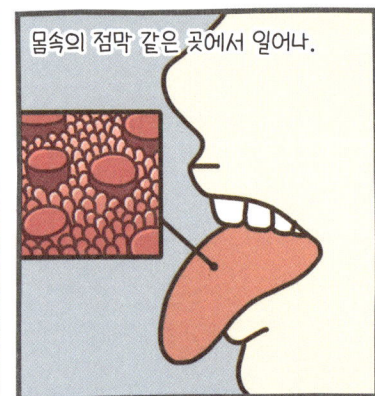

Chapter 18
세포의 수가 늘어났다뇨? 아하! 증식!

여자의 가슴이 커지는 일이 바로 세포 증식의 결과거든.

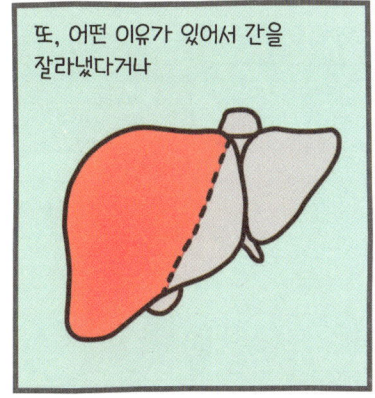
또, 어떤 이유가 있어서 간을 잘라냈다거나

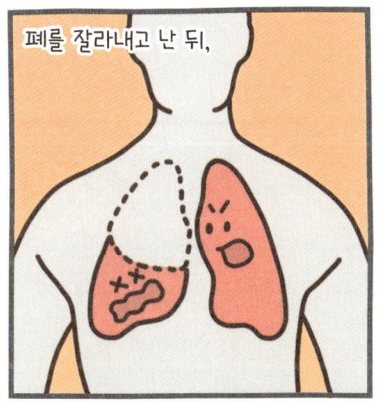
폐를 잘라내고 난 뒤,

시간이 지나면 간이나 폐가 점점 자라난 걸 확인할 수 있는데, 이것도 자연스러운 증식!

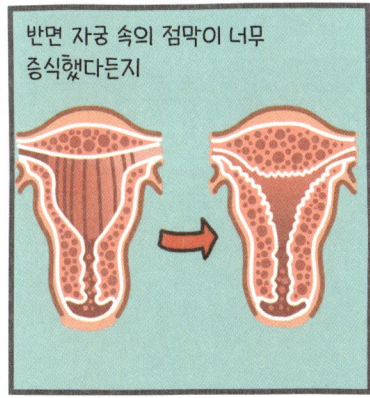
반면 자궁 속의 점막이 너무 증식했다든지

사마귀가 생겼다든지 하는 건 병적인 증식이야.

세포의 숫자가 무척 늘었는데 좋지 않은 경우지.

우리 왜 이렇게 많아졌어? 그럴 필요 있었어?

자궁 속 점막 세포의 수가 늘어나는 일 자체는 별문제가 아니지만,

늘어나는 시기와 양이 문제가 돼.

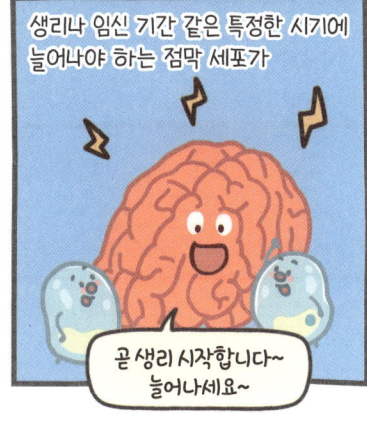
생리나 임신 기간 같은 특정한 시기에 늘어나야 하는 점막 세포가

곧 생리 시작합니다~ 늘어나세요~

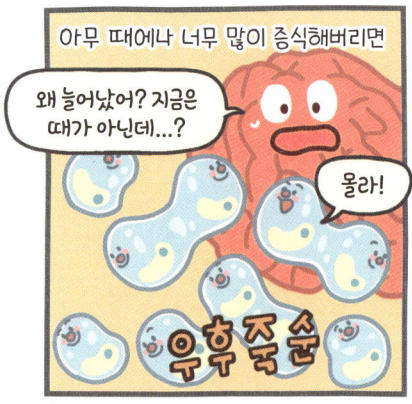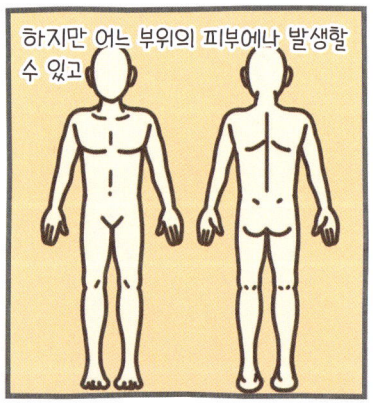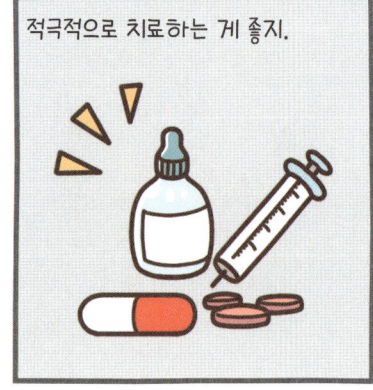

 Short Interview 18

 사마귀 편

Q. 몸에서 사마귀가 자란다는 얘기가 사실인지?

Q. 몸에서 사마귀가 자란다는 얘기가 사실인지?

Chapter 18 | 세포의 수가 늘어났다뇨? 아하! 증식!

Chapter 19 어쩌다 이렇게 됐어? 위축!

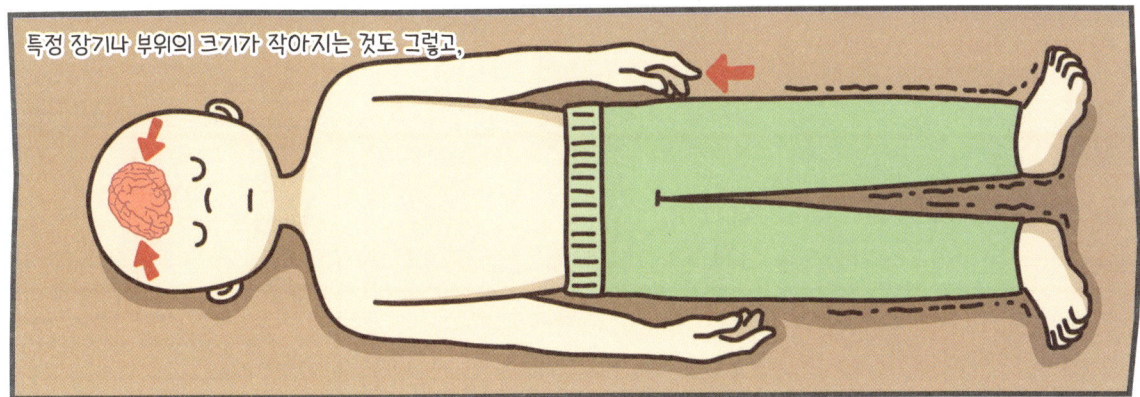

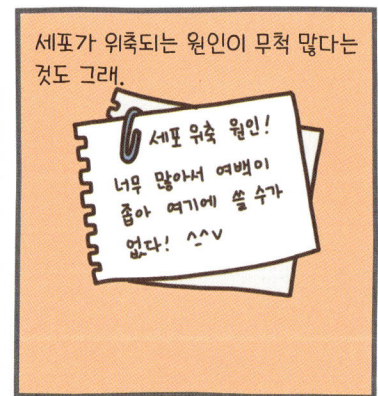

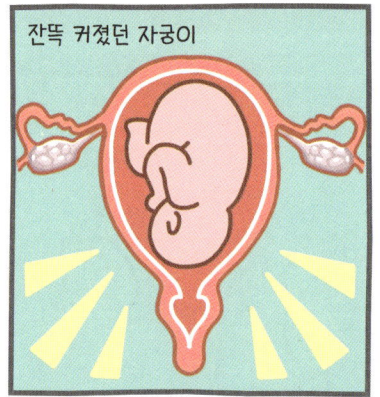
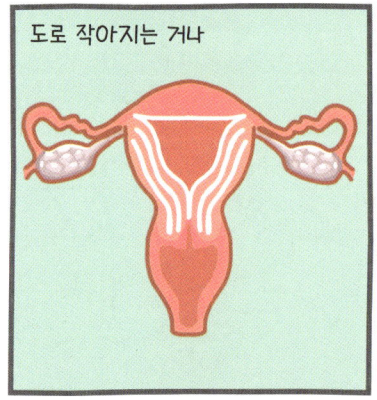

Chapter 19
어쩌다 이렇게 됐어? 위축!

혹시 뼈에 금이 가거나 부러져 본 적 있어?

그런 일이 생기면

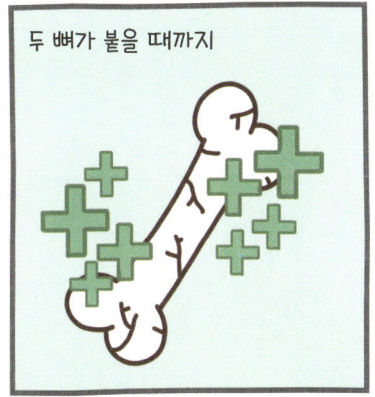
두 뼈가 붙을 때까지

깁스를 통해 뼈를 고정시키는 치료를 해.

그런데 치료 과정에 오랜 시간이 들기 때문에

그동안 그 부위는 움직임이 제한된 채 방치되지.
오른발을 못 쓴지 벌써 8주인가...

그렇게 깁스를 푸는 날이 오면...!

으악! 뭐야?! 내 다리! 짝짝이가 됐잖아!

이렇게 된단 말씀.

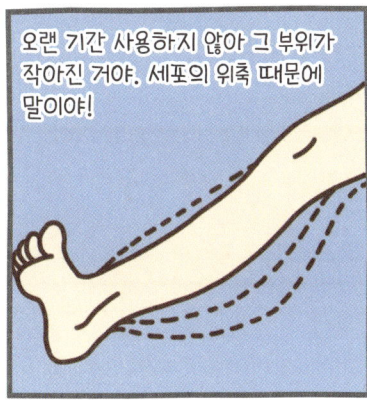
오랜 기간 사용하지 않아 그 부위가 작아진 거야. 세포의 위축 때문에 말이야!

이런 걸 비사용성 위축이라고 해.
사용하지 않았다고 작아지다니... 나도 그랬다면 사라져버렸을 거야...

자동차 사고가 났다거나

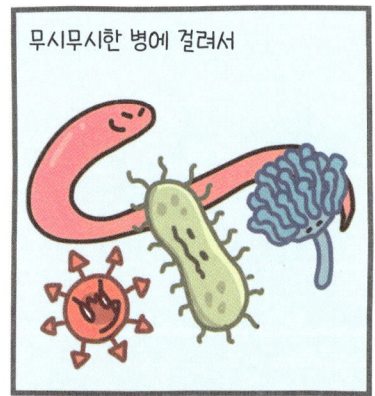

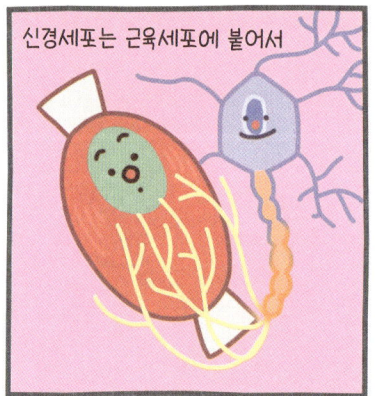
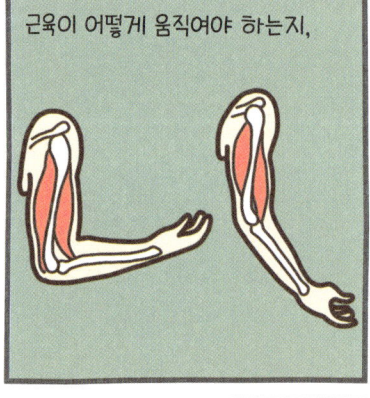

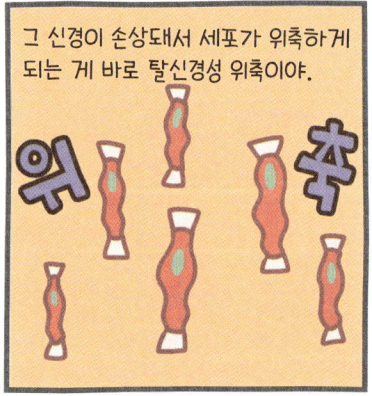
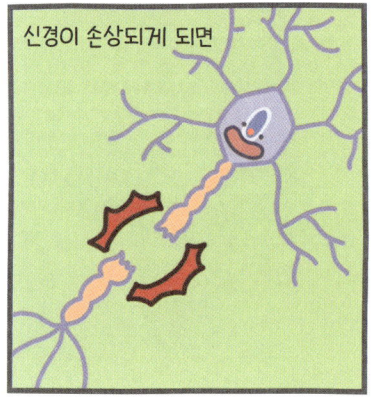

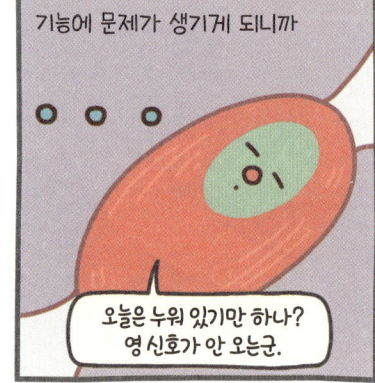

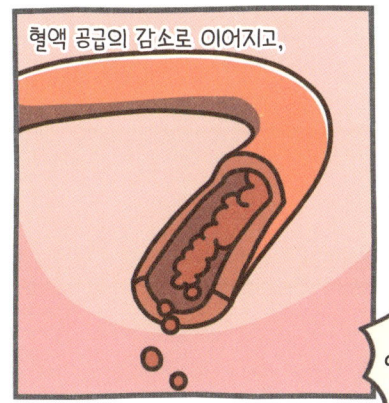

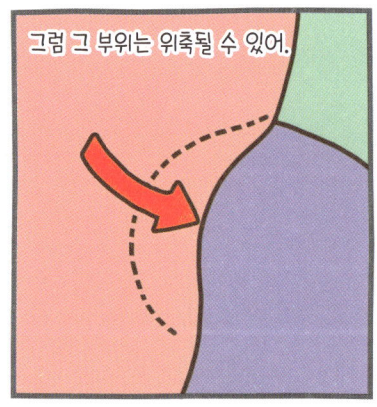
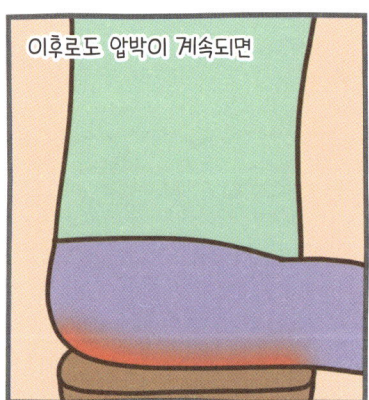

Chapter 19
어쩌다 이렇게 됐어? 위축!

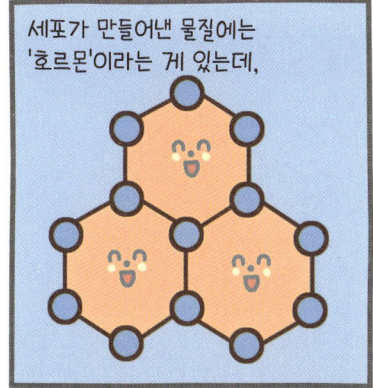
세포가 만들어낸 물질에는 '호르몬'이라는 게 있는데,

호르몬은 특정 세포에 작용해서

그 세포의 활동에 도움을 주거나

힘이 흘러 넘쳐!

활동을 억제하는 등

어라라... 왠지 모르게 지친다...

세포의 특정한 행동을 유발하는 물질이야.

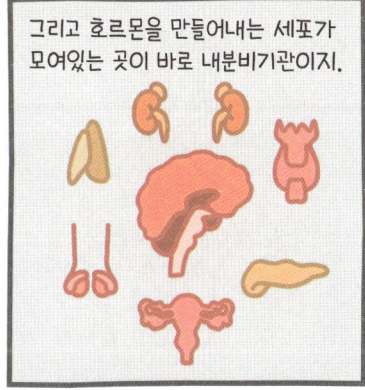
그리고 호르몬을 만들어내는 세포가 모여있는 곳이 바로 내분비기관이지.

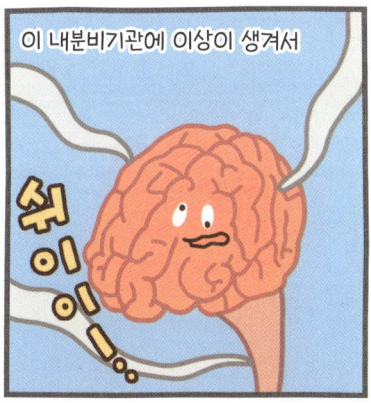
이 내분비기관에 이상이 생겨서

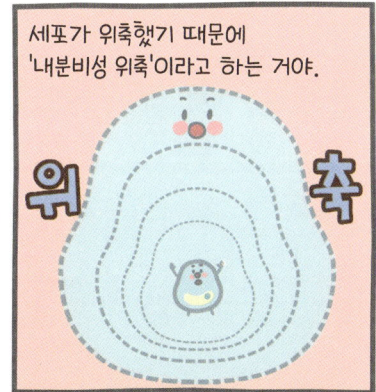
세포가 위축했기 때문에 '내분비성 위축'이라고 하는 거야.

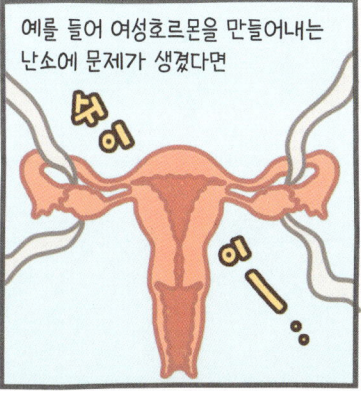
예를 들어 여성호르몬을 만들어내는 난소에 문제가 생겼다면

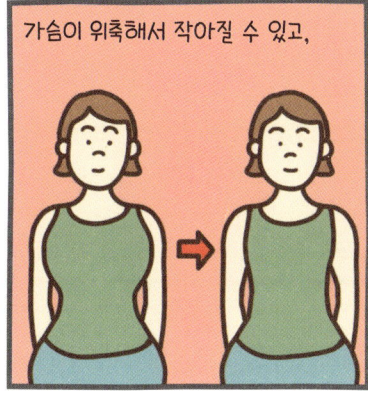
가슴이 위축해서 작아질 수 있고,

남성호르몬을 만들어내는 고환에 문제가 생겼다면

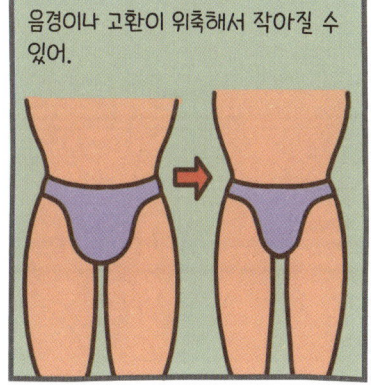
음경이나 고환이 위축해서 작아질 수 있어.

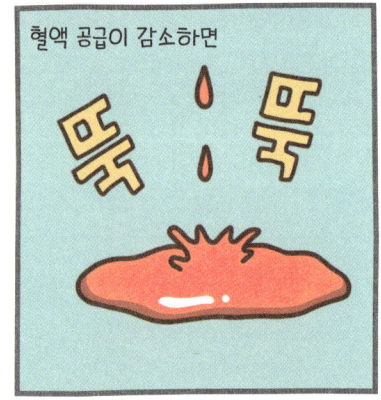

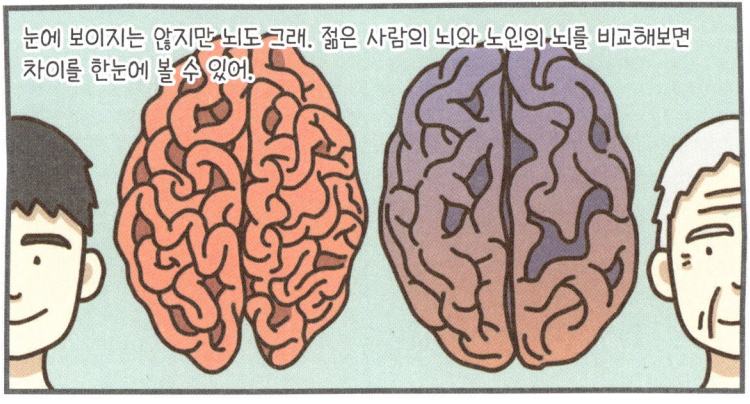

Short Interview 19

세포소기관 편

Q. 나라 잃은 표정을 하고 있다. 무슨 일이 있었나?

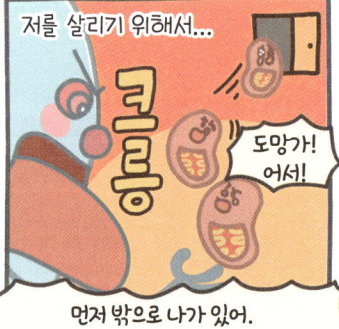

Chapter 19 | 어쩌다 이렇게 됐어? 위축!

Chapter 20 보여줄게 완전히 달라진 나, 화생!

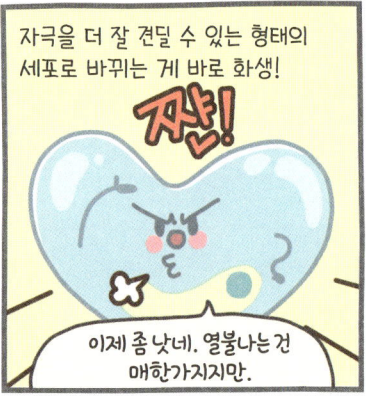
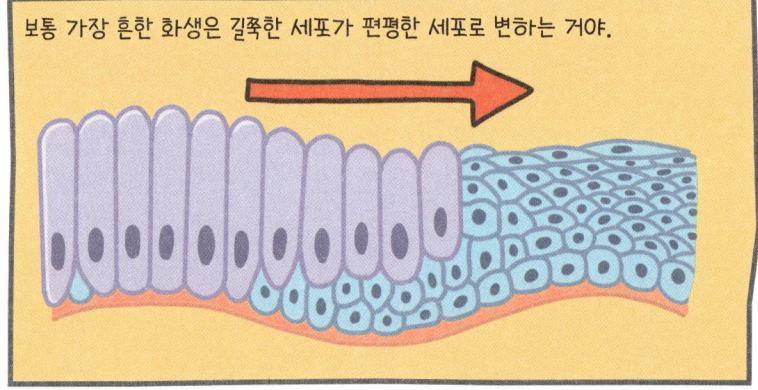
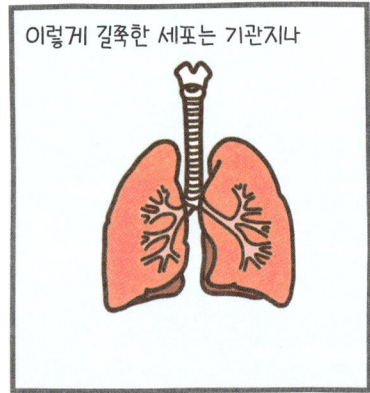
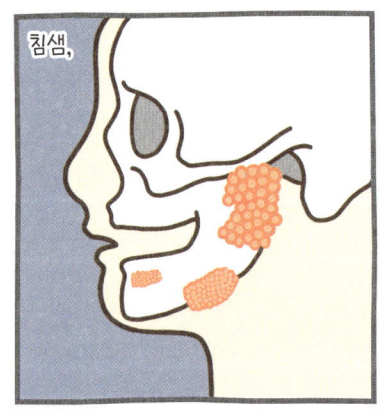
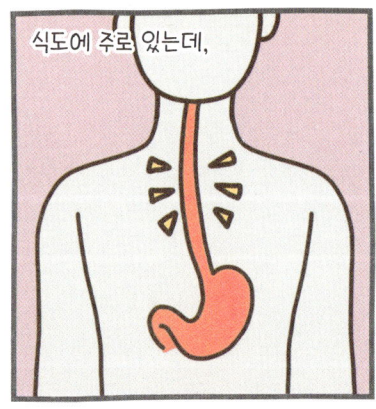

Chapter 20
보여줄게 완전히 달라진 나, 화생!

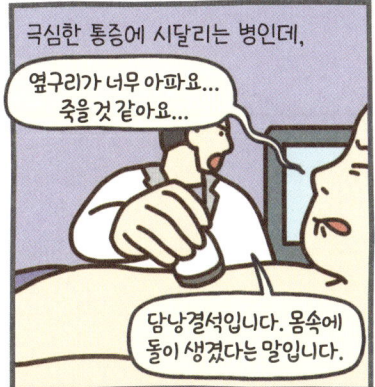

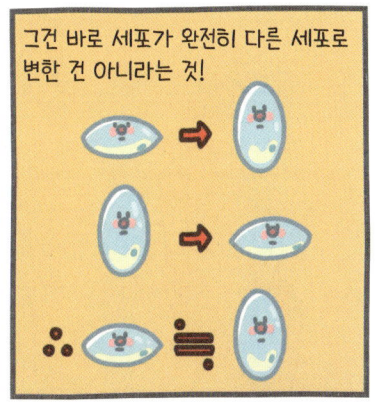

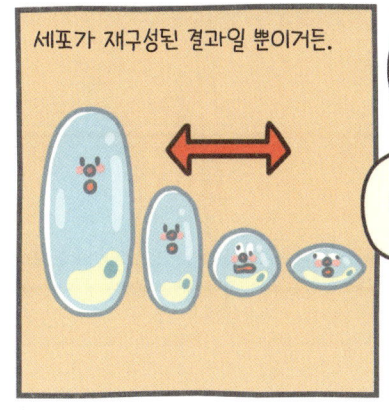

사람이 다양한 환경에 적응하듯, 세포도 외부 자극에 적응하며 살아간다.
적응하지 못하면 세포가 손상되거나 최악의 경우 죽음에 이른다.
물론 잘 적응하더라도 병적일 수가 있다.
세포 적응에는 네 가지 방법이 있다. 비대, 증식, 위축, 화생이 그것이다.

세포의 몸집이 커졌다. 비대!

부럽다~

비대는 세포 크기가 커지는 걸 말해.
숫자는 똑같지만 크기가 커진다는 얘기야.
증식은 주로 근육과 관련이 있어.

생리적 비대

운동하면 근육이 커짐.
임신했을 때 자궁이 커짐.

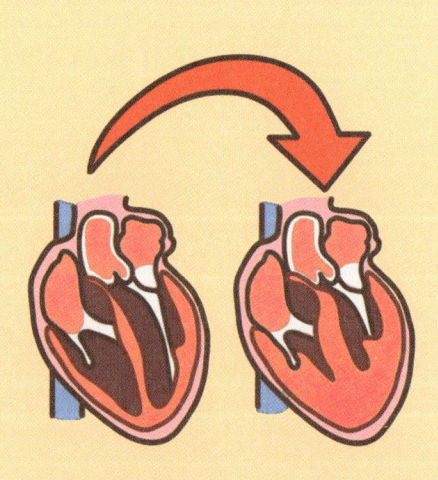

병적 비대

심장이 제대로 기능하지 못하여
비대하게 되는 일. 갑작스러운
죽음을 초래할 수 있음

내가 알던 그 세포 맞아…? 화생!

정상적인 세포가 적응을 위해서 **다른 세포로 바꾸는 것**, 이게 바로 **화생**!
스트레스에 민감한 세포가 스트레스를 더 잘 견딜 수 있는 세포로 바꾸는 거지.

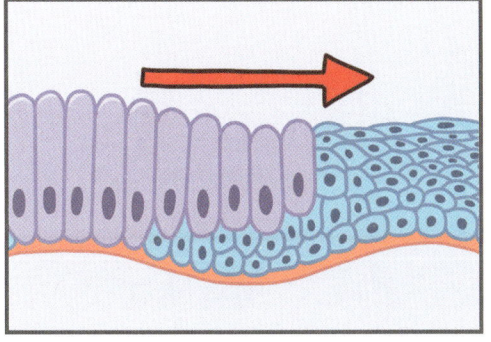

생리적? 병적?

화생이 이뤄진 세포가 직접적인 문제가 되어 병적인 상황이 되는 경우는 드물지만, 세포가 화생하는 상황 역시 정상적이지는 않음.

ex) 술, 담배와 같은 지속적인 자극으로 인해 기관지, 침샘 등에 위치한 주상피세포(길쭉한 세포)가 편평상피세포(편평한 세포)로 대체되는 일.

오잉? 이번엔 늘어났잖아? 증식!

증식은 크기는 그대로인데 **세포의 수가 늘어나는 거야.**
주로 피부나 소화기관의 상피, 골수처럼 수시로 세포의 교체가 일어나는 조직에서 일어나.

생리적 증식

여성의 사춘기나 임신 가슴이 커짐.
간이나 폐를 잘라내는 수술 후
잘라낸 부위가 점점 자라남.

병적 증식

자궁 속 점막 조직이 비정상적으로
늘어남, 바이러스 감염에 대한
특이적인 반응으로 사마귀 생성.

세포야, 왜 죽어가! 위축!

위축은 세포의 수와 크기가 줄어드는 것! 장기나 조직의 크기가 작아지게 되지.
위축은 **병적**인 게 굉장히 많다는 게 특징이야.

병적 위축

영양성 위축

부족한 영양, 주로 칼로리 및 단백질의 심각한 부족으로 발생하는 위축. 현저한 근육의 위축이 일어남.

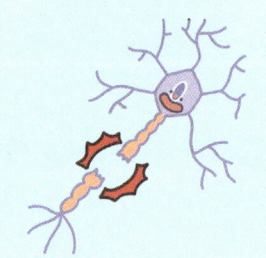

탈신경성 위축

신경의 손상으로 인해 발생하는 연결된 근섬유의 위축.
ex) 소아마비

압박 위축

압박에 의한 혈액공급 감소에 따른 변화로 발생하는 위축.
ex) 욕창

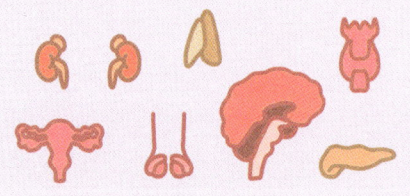

내분비성 위축

내분비 기관의 기능 저하와 호르몬 불균형에 따라 호르몬 반응성 조직에서 발생하는 위축.
ex) 폐경기에 따른 자궁내막과 질상피의 위축

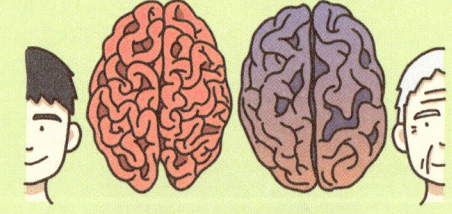

노인성 위축

노화로 인한 혈액공급 저하로 발생하는 위축.
몸 전체적인 위축이 일어남.
ex) 노인의 뇌, 죽상경화증

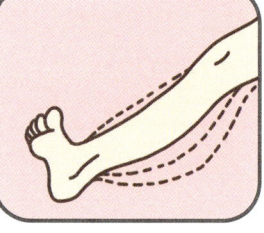

비사용성 위축

조직이나 기관을 오랜 기간 사용하지 않아 발생하는 위축.
ex) 골절된 뼈 깁스

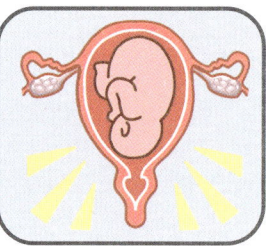

생리적 위축

아이를 낳고 자궁의 크기가 원래대로 돌아옴.

Chapter 21 세포의 손상, 그리고 죽음 1

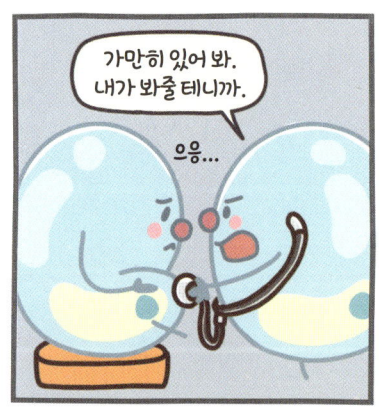

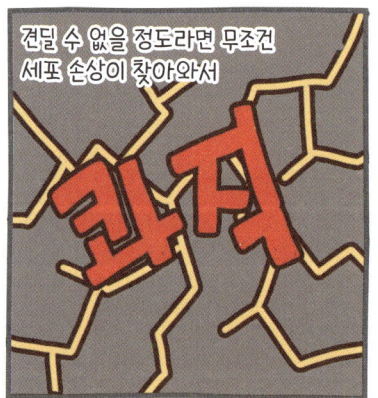

Chapter 21
세포의 손상, 그리고 죽음 1

회복할 수 있는 손상을 입은 세포는 우선 살짝 부어 있어. 세포뿐만이 아니라 세포소기관들도 그렇지. 모양이 조금 이상해지기도 하고. 전체적으로 보면 세포가 살짝 커진 정도? 그러면 회복할 수 있는 손상이지.

하지만 회복할 수 없는 손상을 입었다면 그렇지 않아.
절레 절레

물론 부어있긴 부어있어.
빵 빵

근데 그건 별로 중요한 게 아니야. 눈에 띄는 차이점이 더 많거든. 세포막은 물론 세포소기관이 깨져서 터져 있고, 손상된 세포막이 수초 모양으로 변하기까지!

망가진 핵은 서서히 없어지는 데다 RNA도 사라져. 미토콘드리아의 중증 결함마저 나타난다고!

그래서 세포를 딱 보면 어떤 세포가 죽을지 살아날지 알아낼 수 있지.
파 창
알아냈다...!

하지만... 그렇다면 나는...

Short Interview 20

Q. 몸이 팅팅 부었는데 괜찮은 건지?

Chapter 21 | 세포의 손상, 그리고 죽음 1

Chapter 22 🔍 세포의 손상, 그리고 죽음 2

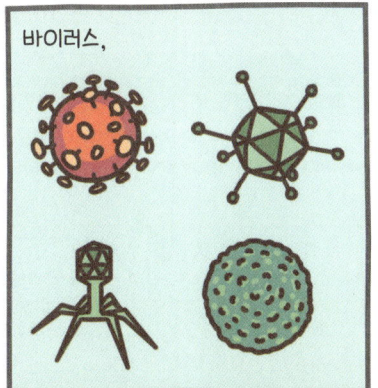

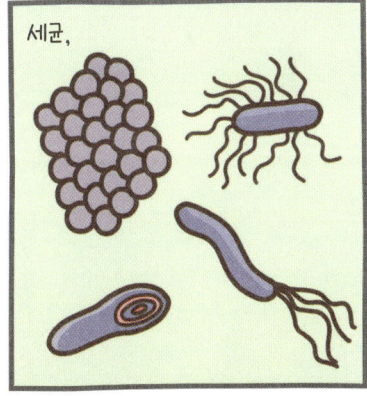

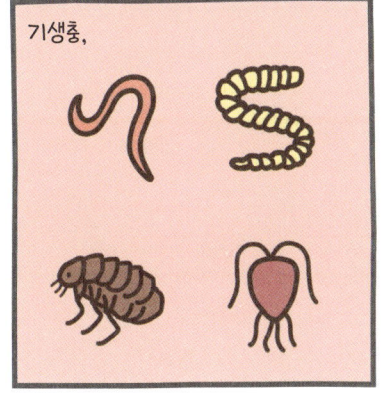

Chapter 22
세포의 손상, 그리고 죽음 2

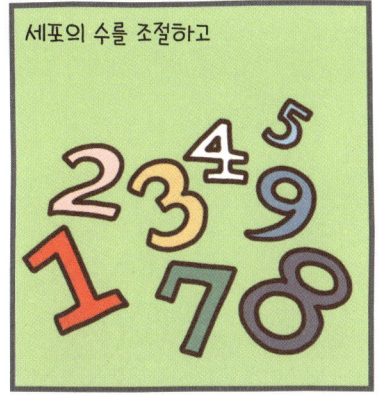
세포의 수를 조절하고

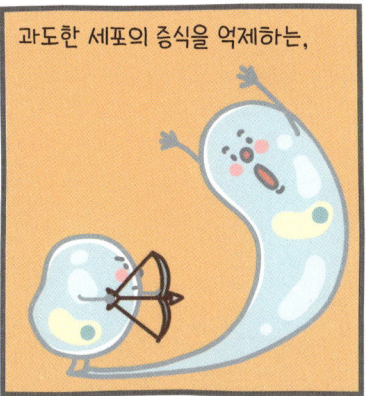
과도한 세포의 증식을 억제하는,

이른바 명예로운 죽음이지.
"안 되겠어. 희생해야겠어."
"잘 생각했다. 고마워!"
비장

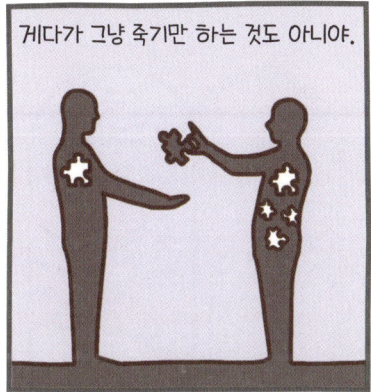
게다가 그냥 죽기만 하는 것도 아니야.

남겨진 세포의 시신은 다른 세포에게 잡아먹혀 양분으로 쓰이는데,

죽는 과정에서 몸을 조각내서 먹기 좋게 만들어주기까지 해.

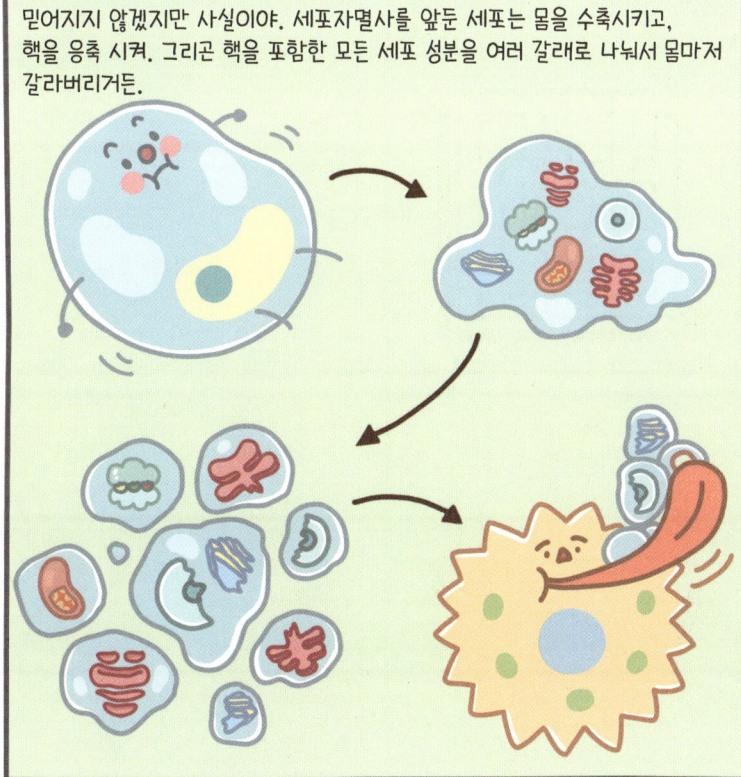
믿어지지 않겠지만 사실이야. 세포자멸사를 앞둔 세포는 몸을 수축시키고, 핵을 응축 시켜. 그리곤 핵을 포함한 모든 세포 성분을 여러 갈래로 나눠서 몸마저 갈라버리거든.

대단하지? 세포가 다른 세포들을 위해서 죽음을 택했을뿐만 아니라

나아가 자신의 몸마저 희생하다니...
"그래... 그거면 된 거야."
냠 냠

Chapter 22
세포의 손상, 그리고 죽음 2

산소가 부족해서,

방사선을 쬐어서,

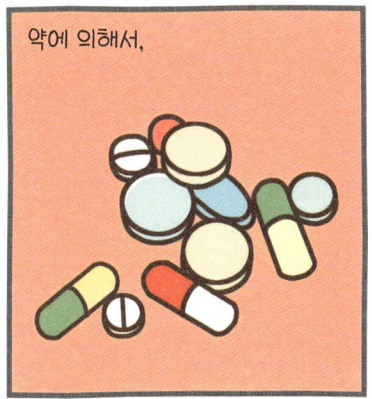
약에 의해서,

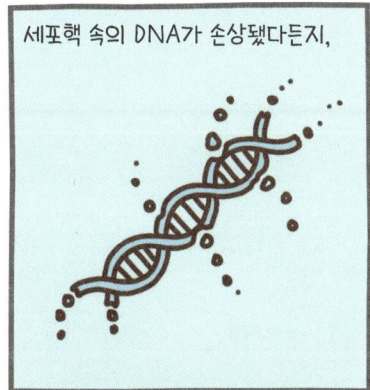
세포핵 속의 DNA가 손상됐다든지,

혹은 세포질에 있는 물질의 모양이 달라졌다거나

너무 많이 모여서 쌓여버렸다고 하면

너무 많아서 해결이 안 돼... 어쩌냐...

세포가 스스로 느낄 수 있다는 거지.

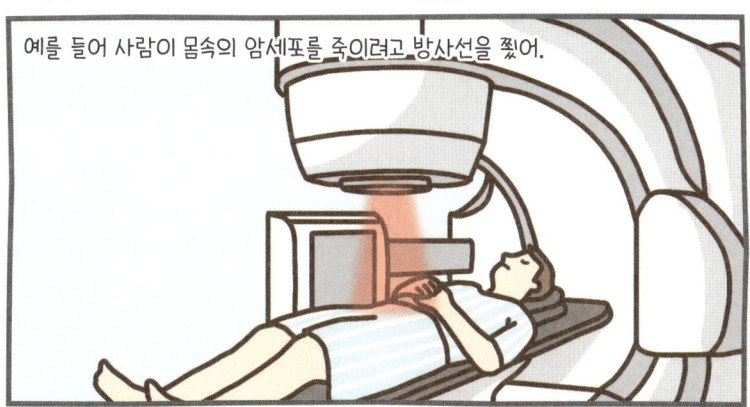
예를 들어 사람이 몸속의 암세포를 죽이려고 방사선을 쬤어.

그런데 그 주변에 있는 정상적인 세포가 같이 방사선을 맞았어.

억!

이런, DNA에 손상이 왔네?

또갹

그럼 그 세포가 이러는 거야.

Chapter 22
세포의 손상, 그리고 죽음 2

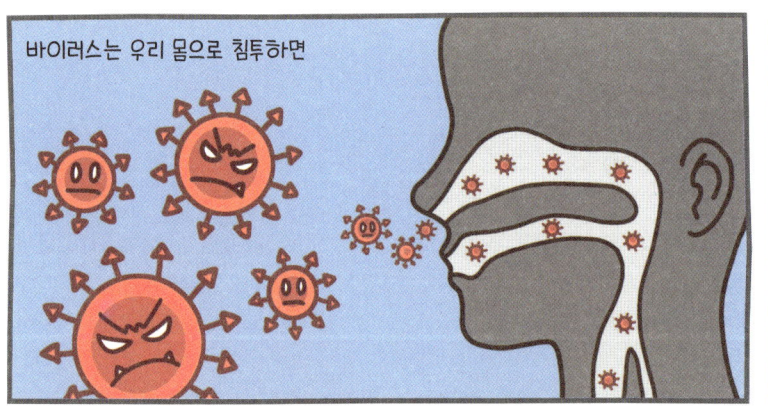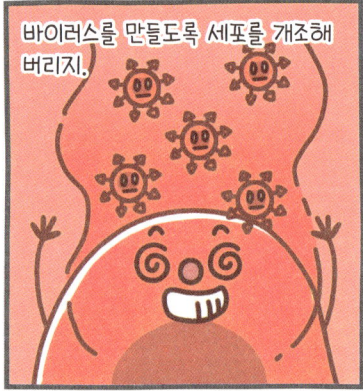

 Short Interview 21

 사망 세포 편

Q. 박진감 넘치는 명품 연기였다. 학원이라도 다닌 것인지?

Q. 연기를 하면서 불편한 점은 없었나?

Chapter 22 | 세포의 손상, 그리고 죽음 2

세포가 어쩌다 다쳤을까? 손상의 이유

세포가 손상되는 이유는 알다시피 **외부의 자극** 때문이야. 적당한 외부의 자극이 가해진다면 세포가 적응해서 멀쩡히 살아남을 수 있지만, 한계를 넘은 자극은 **세포의 손상**을 유발하지.

그럼 무엇 때문에 다쳤을까? 손상의 원인

산소가 없다거나 상처, 온도나 기압, 방사선, 전기적 쇼크, 화학물질과 약물, 너무 달거나 짠 음식, 매운 음식, 술, 담배, 심지어는 약까지. 또 기생충, 세균, 진균, 바이러스 등등. 너무나도 많고 **다양한 요소**로 인해서 세포 손상이 유발될 수 있어.

어쩌다 이 지경이… 세포의 죽음

사실 여기에는 **세 가지 원리**가 있어.

첫 번째는 외부로부터 들어온 나쁜 자극의 본질, 지속시간, 정도에 따른다는 것. **두 번째**는 같은 자극이라도 세포의 종류, 상태, 적응능력에 따라 달라진다는 것. **세 번째**는 세포막, 미토콘드리아, 핵 등의 중요한 세포성분이 어떻게 됐냐는 것. 이런 세 가지 요소가 복합적으로 어울리며 세포의 죽음이 결정돼.

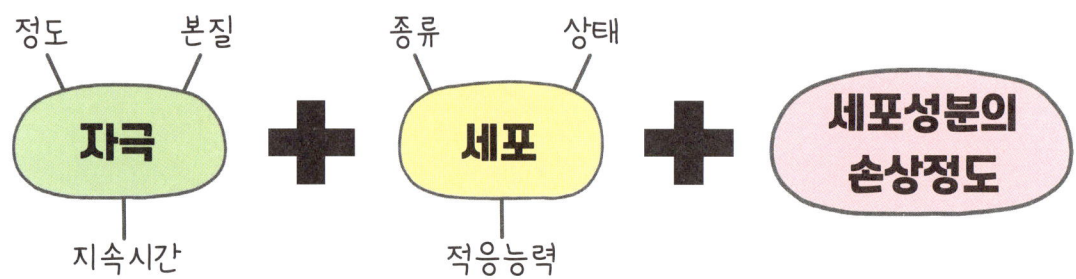

가역적 손상

가역적 손상은 한마디로 말해서 **돌이킬 수 있는 손상**이야.
세포가 손상되었다고 해도 가해졌던 자극이 사라지기만 한다면 다시 멀쩡했던 때로 돌아갈 수 있다는 말이지.
가역적 손상을 입은 세포의 크기가 조금 커지면서 세포소기관들의 크기도 조금씩 커지거나 모양이 이상해지지. 만약 손상을 입은 세포를 봤을 때 살짝 커지기만 했다면 가역적 손상인 셈이야.

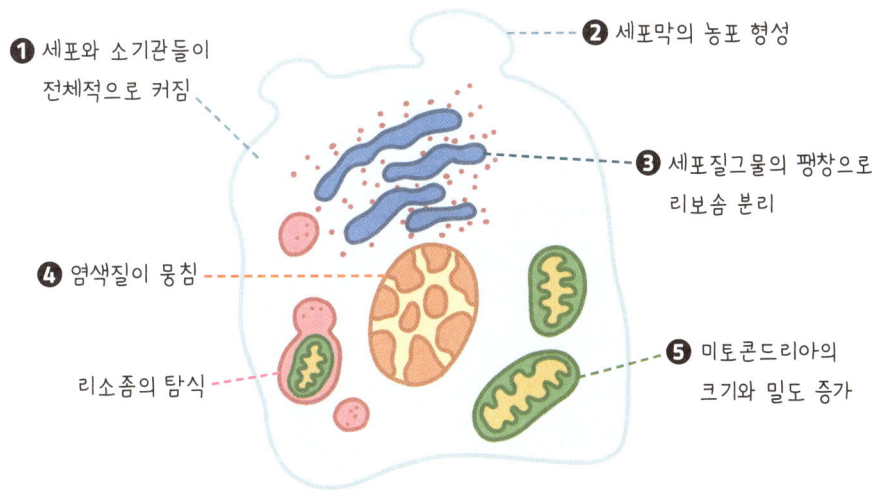

비가역적 손상

비가역적 손상은 **돌이킬 수 없는 손상, 반드시 죽음으로 이어지는 손상**을 말해.
가역적 손상과 다르게 특징적인 모습을 관찰할 수 있어. 세포질 내의 RNA가 사라지고, 세포막이 찢어지고, 세포소기관이 파괴되고, 핵도 변하지. 한마디로 세포가 엉망진창이 되어버린 거야.

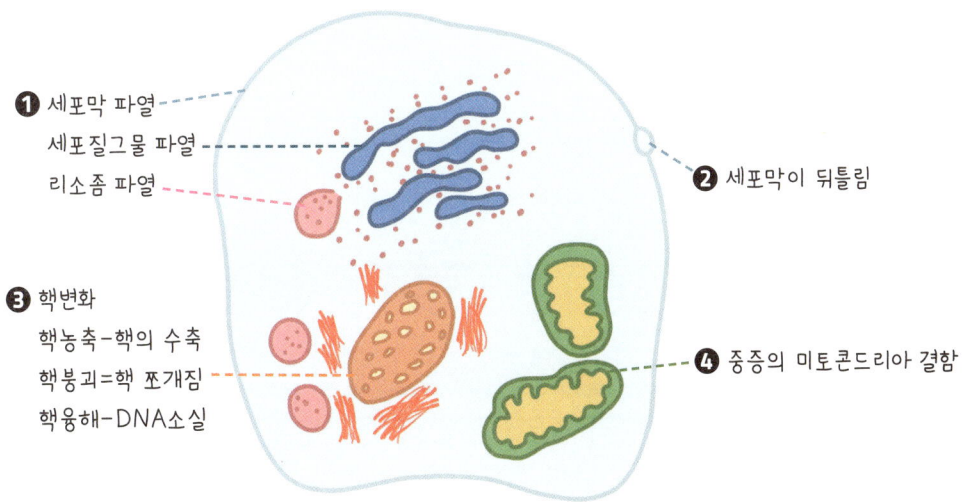

세포 괴사

괴사에는 세포가 커지고, 핵이 변화하며, 세포막과 세포소기관이 파괴돼서 세포 성분이 밖으로 유출된다는 특징이 있어. 비가역적 손상의 특징과 상당히 비슷하지만, 모든 비가역적 손상이 세포 괴사로 이어지지는 않는다는 걸 알아두도록 해.

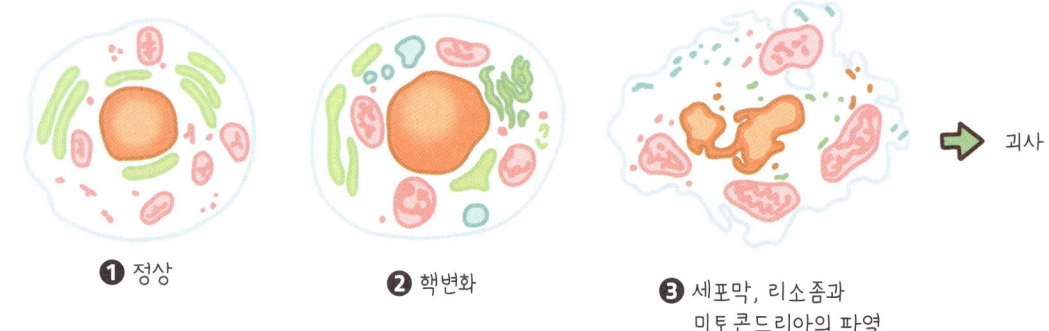

❶ 정상 ❷ 핵변화 ❸ 세포막, 리소좀과 미토콘드리아의 파열 ⇒ 괴사

세포자멸사

세포자멸사는 죽음이 예정된 세포가 자신이 가지고 있던 물질을 사용해서 세포성분을 정교하게 조절해가며 사망하는 걸 말해. 괴사와는 달리 세포자멸사는 세포의 수를 조절하고, 조직 손상과 세포 증식을 억제하는 세포가 원래 가지고 있는 기능이라는 거! 세포자멸사의 특징으로는 세포의 몸과 핵이 줄어들었다가 여러 갈래로 쪼개진 뒤, 다른 세포에게 먹혀 재사용된다는 점이 있어.

❶ 세포수축
❷ 핵 쪼그라들며 뭉침
❸ 세포질 여러 갈래로 쪼개짐
❹ 대식세포가 잡아먹음
⇒ 세포자멸사

Chapter 23 신생물, 암!

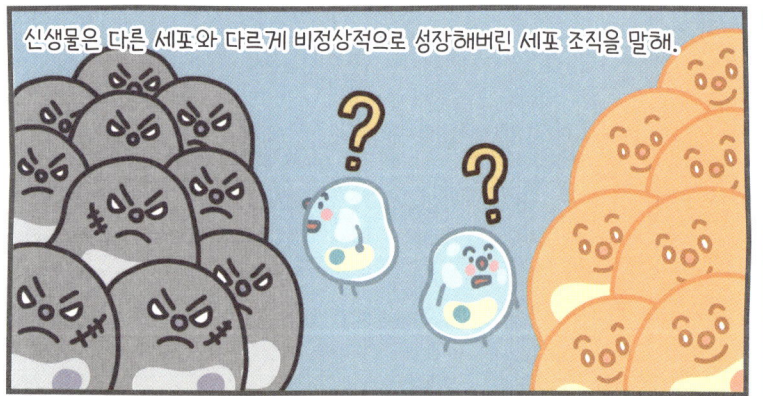

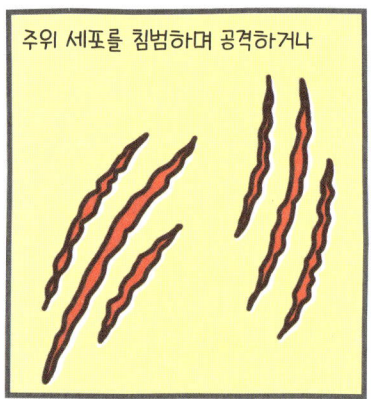

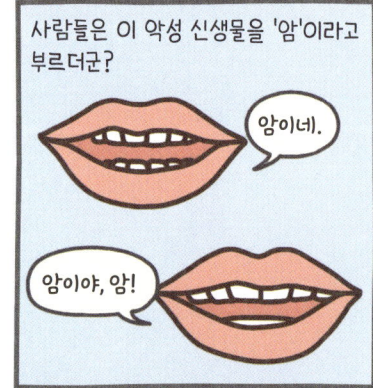

Chapter 23
신생물, 암

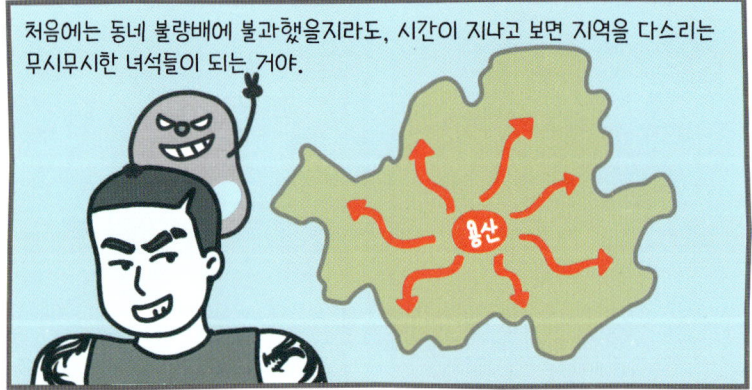

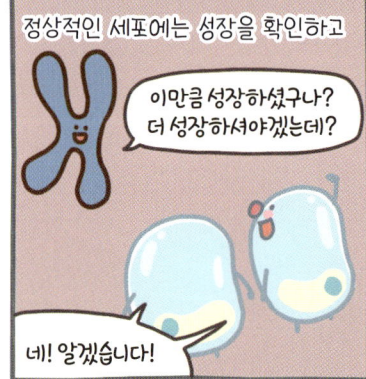
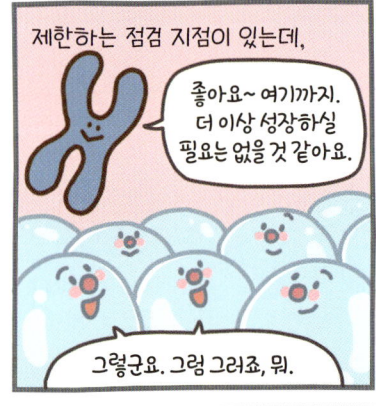

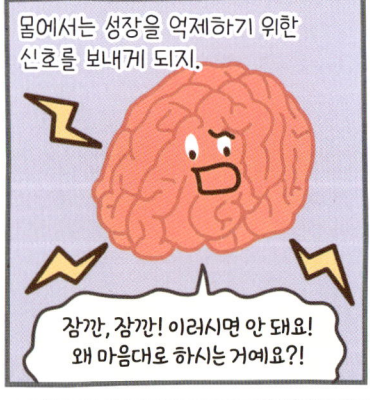
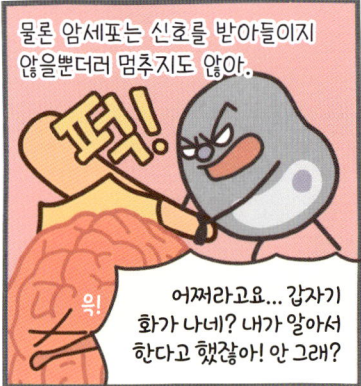
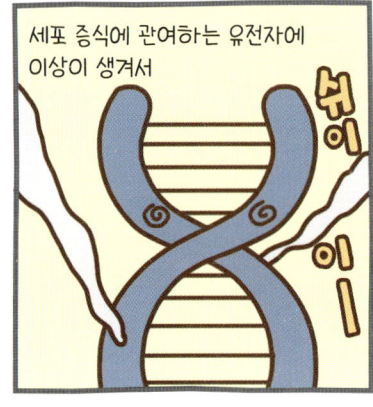

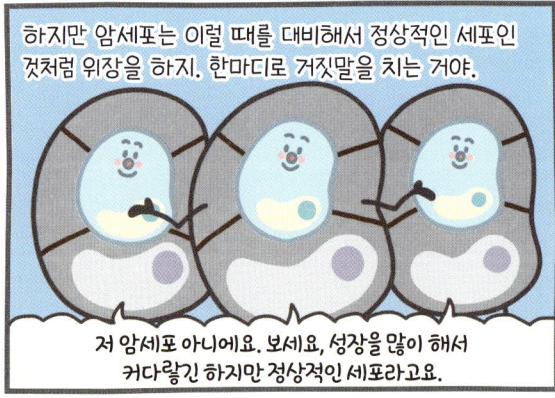

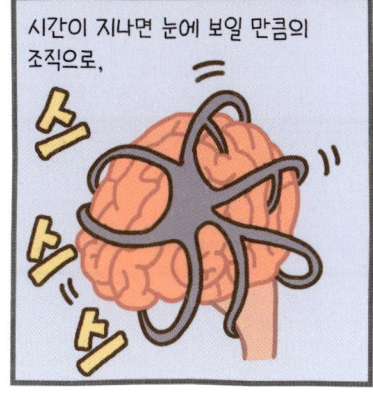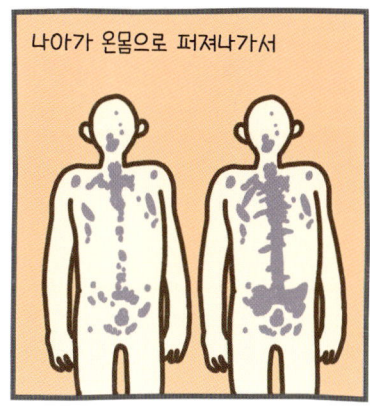

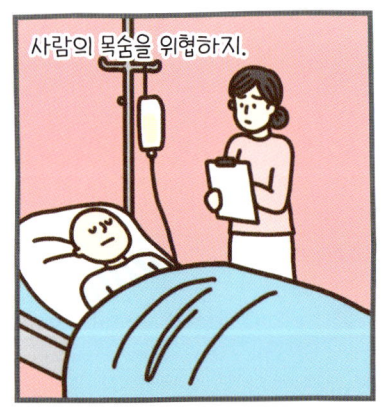

Short Interview 22

 암세포 편

Q. 왜 그렇게 못된 짓만 일삼는 것인지?

어이, 인터뷰어 양반. 듣고 보니까 말이 좀 이상하시네.

호랑이가 사슴을 잡아먹는다고

호랑이를 나무라는 사람 봤어?

사자가 얼룩말을 잡아먹는다고

사자를 꾸짖는 사람 봤냐고.

아무도 없어! 자연의 섭리니까!

자연의 법칙 **탁!**

그런데, 왜 나만 가지고 그래?

암세포도 생명이야, 생명!

암세포의 시선으로 생각을 해줘야지. 안 그래? 색안경을 벗어!

우당탕

그게 대체 무슨 억지야…

Chapter 23 | 신생물, 암!

Chapter 24 · 우리 몸을 지켜줘요, 면역!

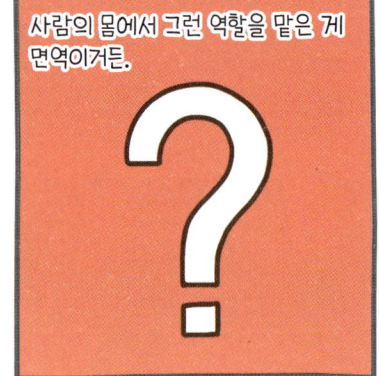

면역이 누구냐고? 면역 세포들은 엄청 다양해!
면역은 적들을 효과적으로 막아내기 위해서 아주 세세하게 나뉘어 있걸랑.
1차 방어선, 2차 방어선, 3차 방어선으로 말이야!
우리 몸이 아프지 않고 건강할 수 있는 것도 다 면역 세포들 덕분이라는 사실!

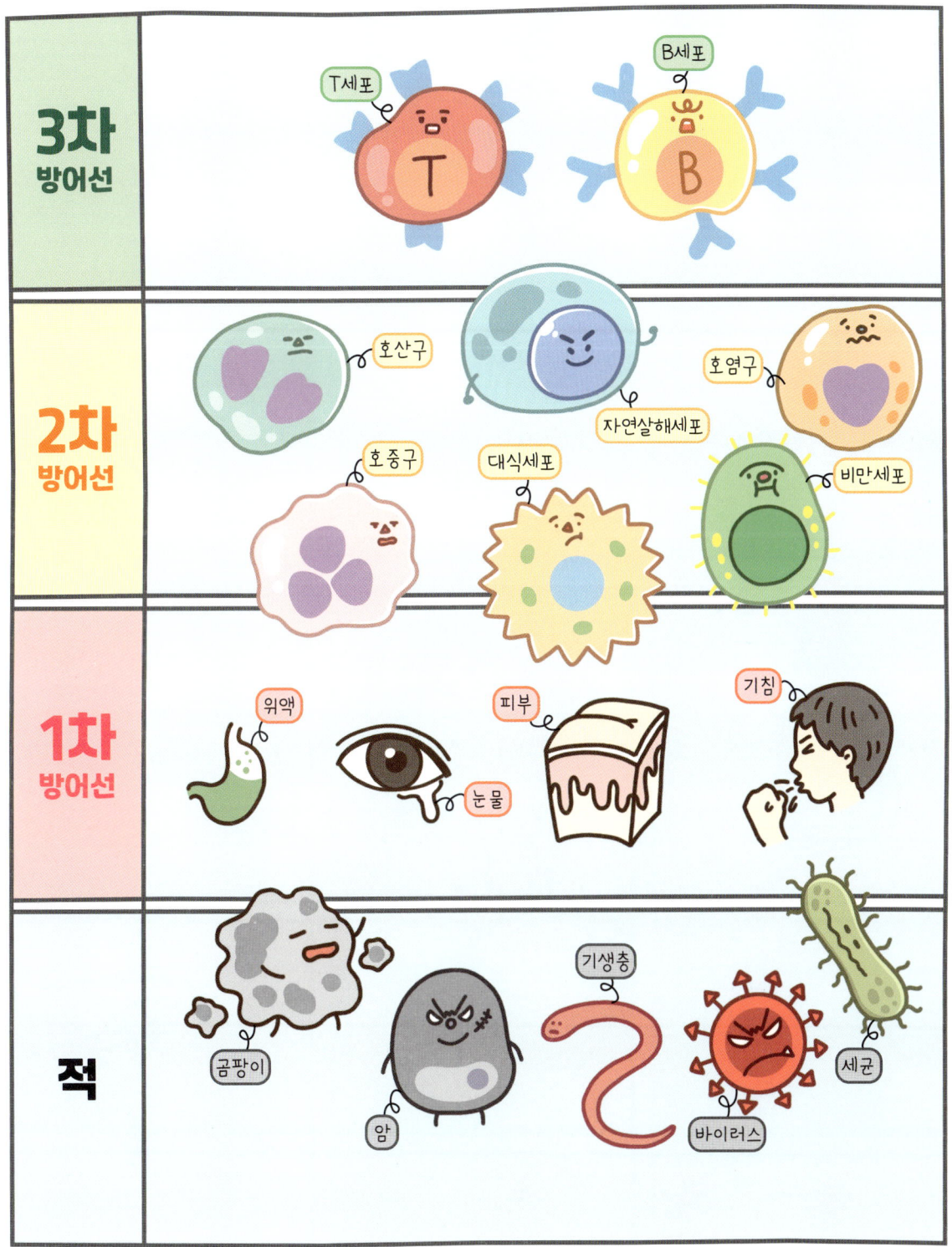

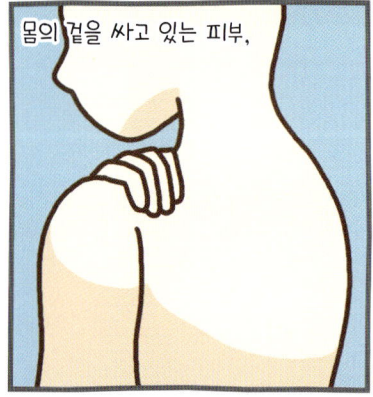

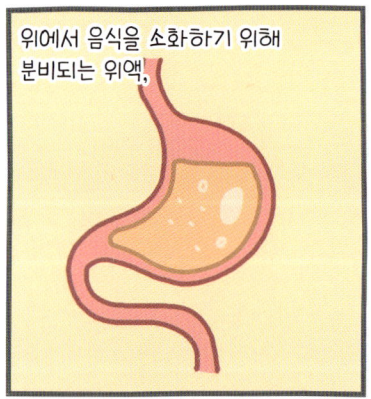

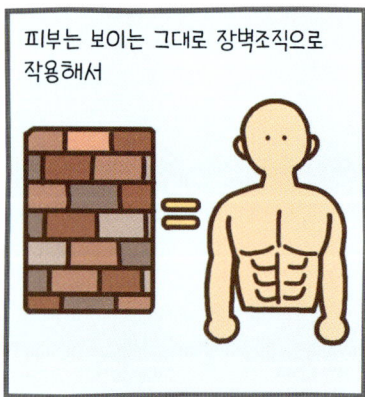

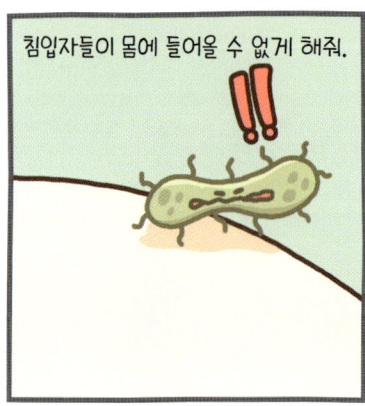

Chapter 24
우리 몸을 지켜줘요, 면역!

감정표현으로도 사용되지만,

실은 침입자를 막아내는 역할도 해.

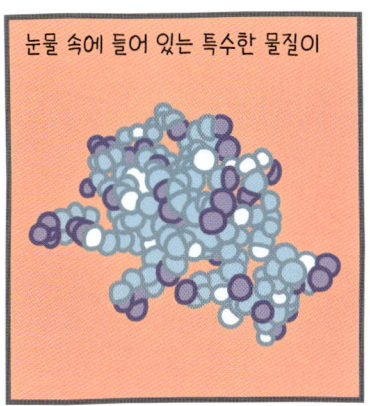
눈물 속에 들어 있는 특수한 물질이

침입자를 죽이기도 하고,

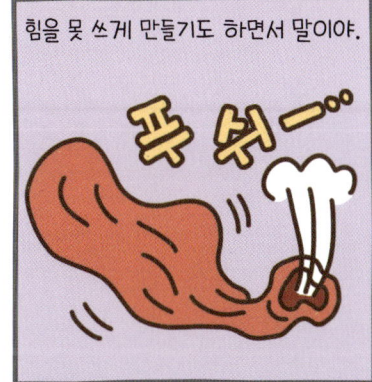
힘을 못 쓰게 만들기도 하면서 말이야.

위액도 마찬가지로 음식을 소화하는 데 주로 쓰이지만,

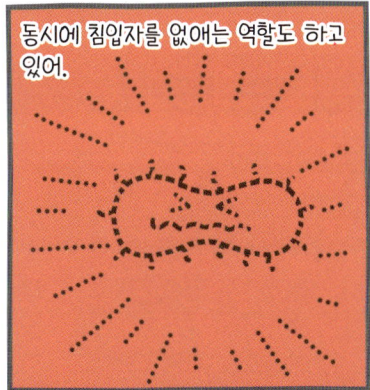
동시에 침입자를 없애는 역할도 하고 있어.

뱃속의 염산이라고 부를 정도로 강력한 위액으로 침입자를 녹여 없애주지.

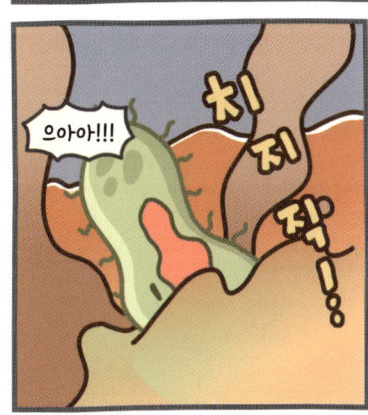

재채기나 기침은 의외라고 느껴졌을지도 모르겠다.

가끔 코가 간지럽거나

목이 까끌까끌해서

Chapter 24
우리 몸을 지켜줘요, 면역!

2차 방어선에서 활약하는 세포는 바로 백혈구!

다양한 백혈구는 적이 들어오면 가장 먼저 나서서 맞서 싸우게 돼.

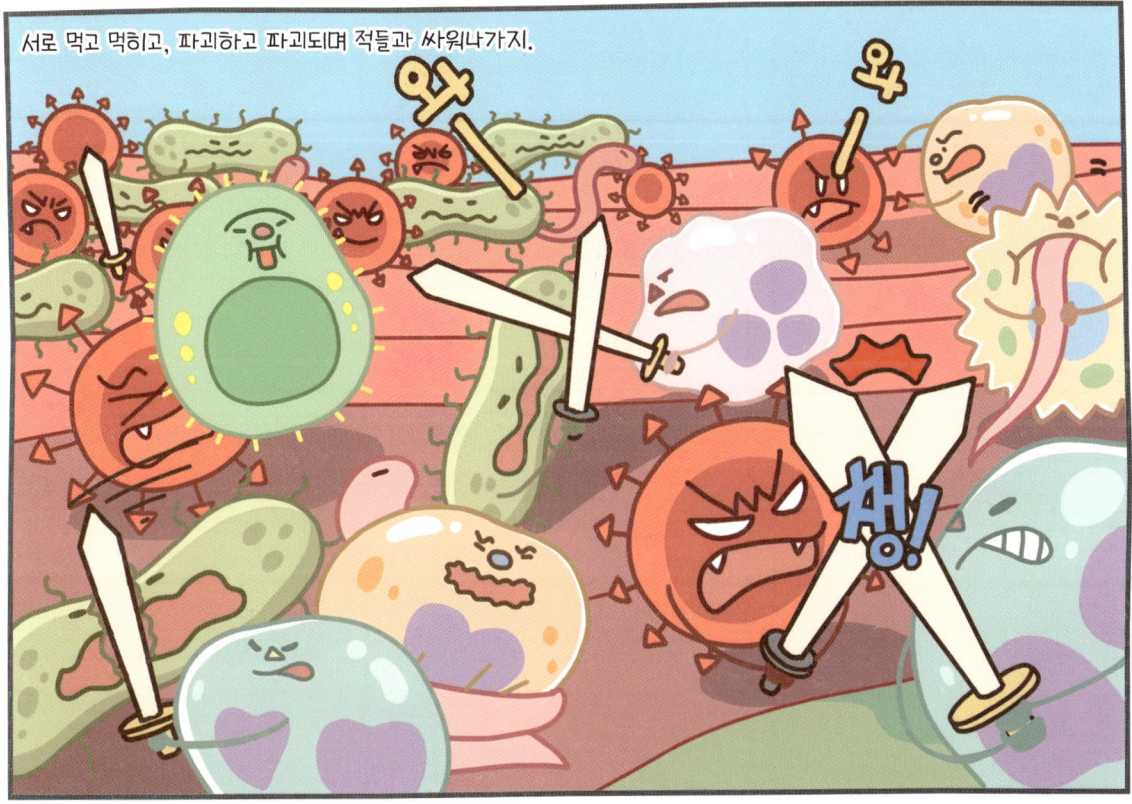

서로 먹고 먹히고, 파괴하고 파괴되며 적들과 싸워나가지.

그렇게 서로가 뒤엉켜 싸우면 시신도 나오고 쓰레기도 나오고 하는데,

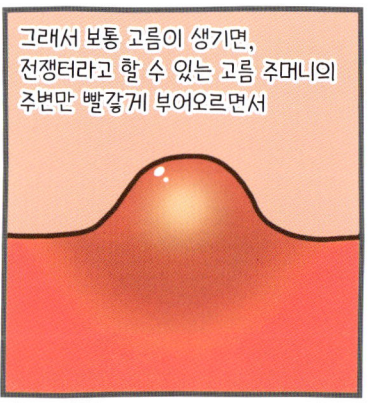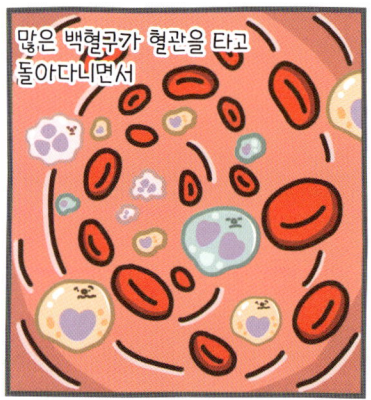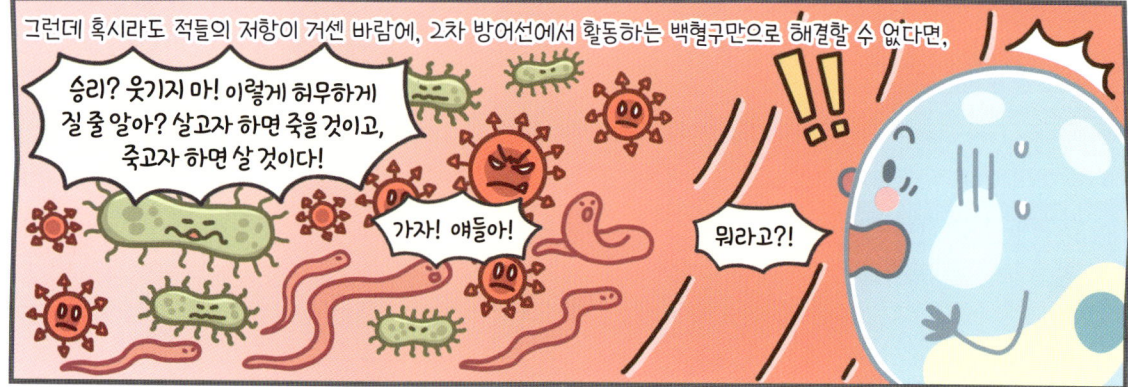

Chapter 24
우리 몸을 지켜줘요, 면역!

Chapter 25 그런데 면역에도 종류가 있어요!

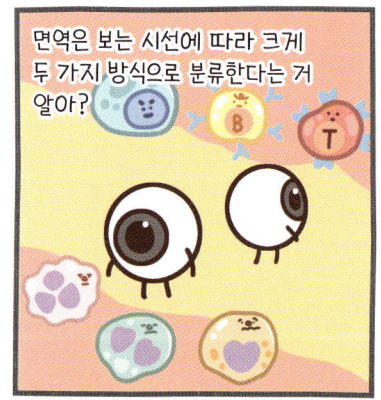

특수한 병기를 제작해주는 B세포가 담당하는 걸 '체액성 면역'이라고 하고,

T세포가 직접 전쟁에 참여하는 걸 '세포성 면역'이라고 하는데,

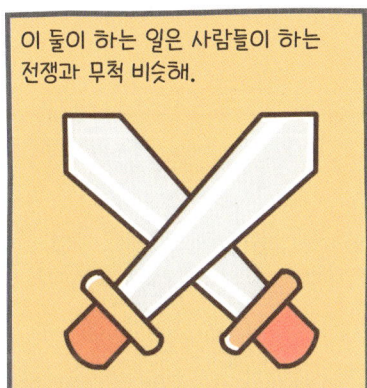

이 둘이 하는 일은 사람들이 하는 전쟁과 무척 비슷해.

전쟁이라고 하면 사람끼리 뒤엉켜 싸우는 일도 있지만,

핵이나 미사일 같은 최첨단 무기가 발명되고 나서는

버튼 하나만 꾹 누르면

폭탄이 하늘을 날아서

적들을 초토화시키기도 하니까.

물론 지금도 사람이 직접 전쟁터에 나서는 일이 대부분이지. 그래서 군인들이 잔뜩 필요하고 말이야.

내 말은 각 전투의 특징이 체액성 면역과 세포성 면역을 똑 닮았다는 거야.

예를 들어 사람이 직접 전투를 한다고 하면,

오늘은 우리가 이겼어도

내일은 우리가 질지도 모르는 일이잖아?

그리고 그다음 날에는 다시 우리가 이길 수도 있고 말이야.

마침내 이겼다! 마지막에 이긴 사람이 이긴 거 아니겠어!?

반면, 최첨단 무기를 사용하면

무기의 폭발 범위,

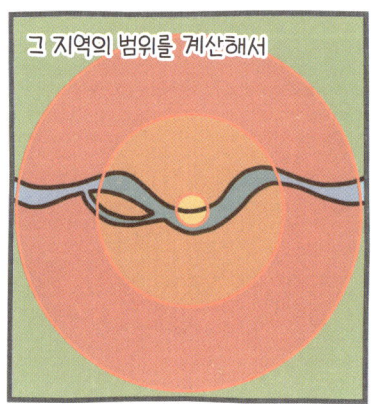

그 지역의 범위를 계산해서

같은 곳의 같은 적이라면 언제 싸워도 항상 이길 수 있지.

이 미사일 하나면 초토화되니 언제라도 이길 수가 있겠군!

Chapter 25
그런데 면역에도 종류가 있어요!

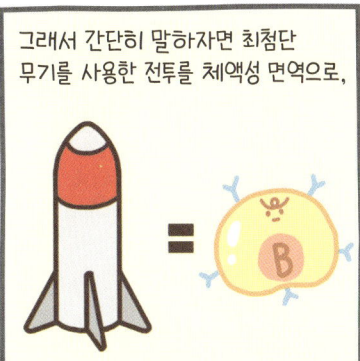
그래서 간단히 말하자면 최첨단 무기를 사용한 전투를 체액성 면역으로,

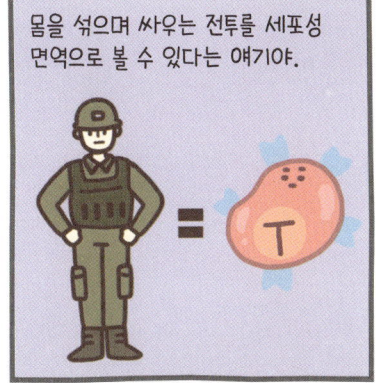
몸을 섞으며 싸우는 전투를 세포성 면역으로 볼 수 있다는 얘기야.

알쏭달쏭하다고? 걱정하지 마~ 지금부터 자세히 알려줄 테니까!

체액성 면역에 관여하는 B세포는 특수 병기를 제작한다고 했는데,

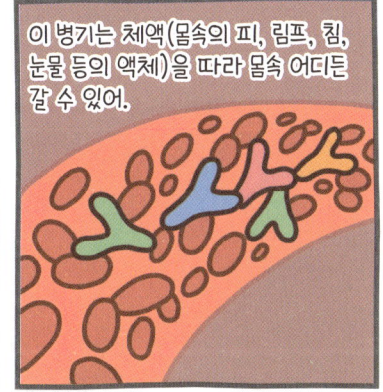
이 병기는 체액(몸속의 피, 림프, 침, 눈물 등의 액체)을 따라 몸속 어디든 갈 수 있어.

또, 노리고 있는 적만

파괴하거나 아무 일도 못하게 꽁꽁 묶어놓을 수 있지. 다른 면역세포들을 불러들이는 표식이 되기도 하고 말이야.

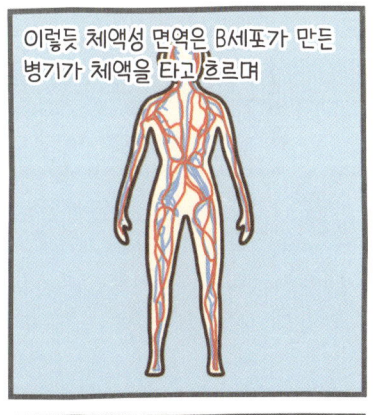
이렇듯 체액성 면역은 B세포가 만든 병기가 체액을 타고 흐르며

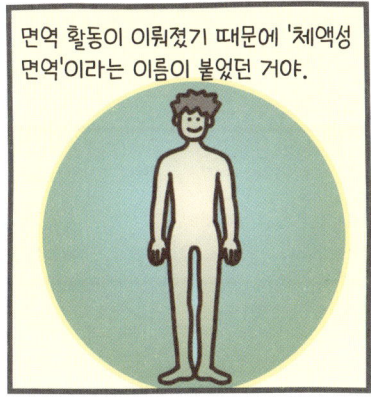
면역 활동이 이뤄졌기 때문에 '체액성 면역'이라는 이름이 붙었던 거야.

그럼 T세포가 관여하는 세포성 면역은 어떨까?

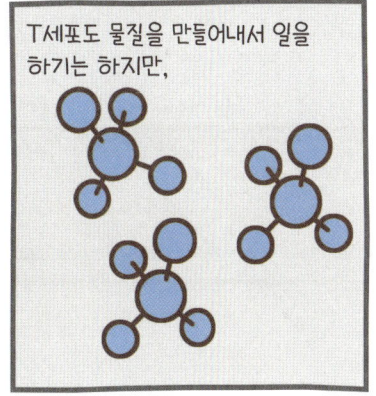
T세포도 물질을 만들어내서 일을 하기는 하지만,

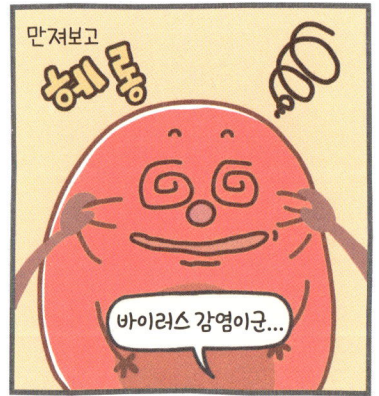
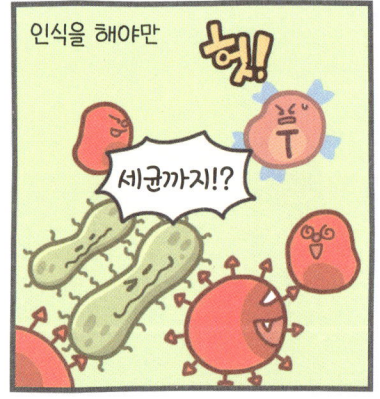
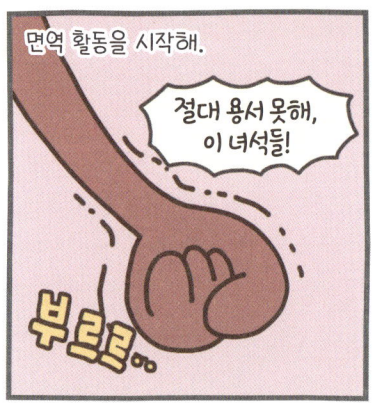

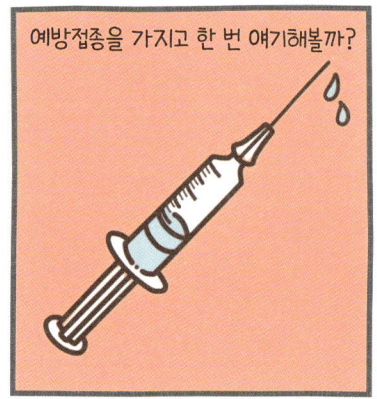

Chapter 25
그런데 면역에도 종류가 있어요!

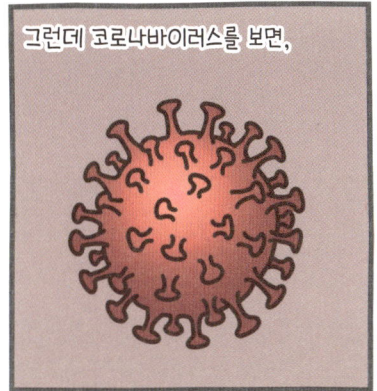
그런데 코로나바이러스를 보면,

코로나에 걸렸다가 나았다고 해도

다시 걸리는 사람이 있고,

다시는 걸리지 않는 사람이 있어.

또한, 예방접종을 받았는데 코로나에 걸렸다는 사람도 있지.
어째서?! 나는 예방접종을 맞았다고!

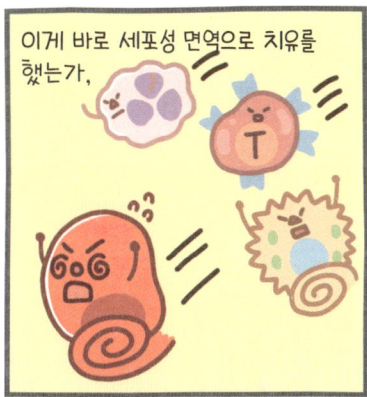
이게 바로 세포성 면역으로 치유를 했는가,

아니면 체액성 면역으로 치유를 했는가에 대한 차이야.

만약 세포성 면역이 이뤄졌다면
알고 있겠지만 세포로 만든 성이 아니야!

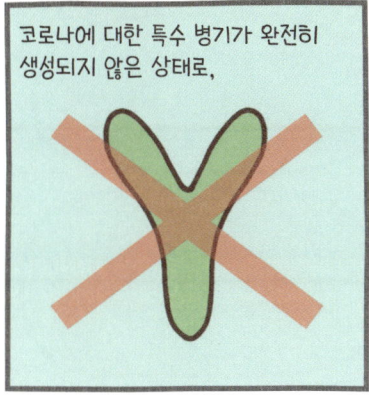
코로나에 대한 특수 병기가 완전히 생성되지 않은 상태로,

T세포와 백혈구가 코로나에 감염된 세포를 찾아 모두 제거해서

병을 치료한 것이기 때문에

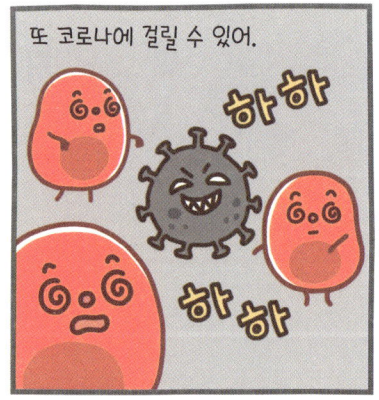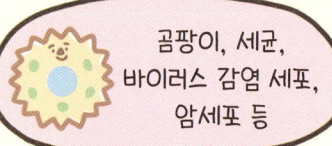

우리 몸의 침입자들

사람의 몸은 하루에도 몇 번이고 적들의 침입을 받고 있어. **곰팡이, 세균, 바이러스 등등**. 적들은 굉장히 다양해.
그런데 우리는 평상시에 아무런 이상을 느끼지 못하고 멀쩡히 살아가고 있으니 어떻게 된 노릇이람? 그건 바로 우리 몸의 **방어체계**가 계속해서 활약하고 있기 때문이야.

우리 몸의 방어선

우리 몸의 방어선은 크게 세 가지로 나뉘어. **1차 방어선, 2차 방어선, 3차 방어선**, 이렇게 말이야.

1차	2차	3차
1차 방어선은 적들이 우리 몸에 침입하는 일 자체를 막아줘.	1차 방어선을 뚫고 들어온 적들은 우리 몸의 2차 방어선과 마주하게 되는데, 2차 방어선부터는 면역 세포들이 나서게 돼. 흔히 사람들이 백혈구라고 부르는 녀석들이 주로 활약하지.	만약 2차 방어선에서 적들이 제대로 정리되지 않으면 3차 방어선에 있는 특수한 세포들이 나서게 돼. 바로 T세포와 B세포라고 하는 녀석들이지.
피부, 기침, 위액, 눈물	호산구, 자연살해세포, 호중구, 대식세포, 호염구, 비만세포	T세포, B세포

167

적과 싸우는 면역 세포

면역 세포의 역할은 적들을 우리 몸에서 제거하는 일이기 때문에 굉장히 다양한 종류가 준비되어 있어. 어떤 녀석들이 있고, 누굴 상대할까?

곰팡이, 세균, 바이러스 감염 세포, 암세포 등

바이러스, 세균, 독소 등

곰팡이, 세균 등

바이러스 감염 세포, 세균 감염 세포 등

알러지 물질, 기생충 등

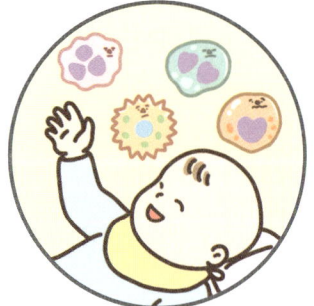

선천 면역

선천 면역 = 자연 면역

자연면역이라고도 하는 **선천면역**은 태어날 때부터 가지고 있는 면역이야. 피부나 점막, 점액에 있는 어떤 성분이나 혈액을 타고 돌아다니는 백혈구들 따위가 포함돼. 선천면역은 항상 활성화되어 있거나 즉각적으로 활성화될 수 있기 때문에 신속하게 일어난다는 특징이 있어.

후천 면역

후천 면역 = 적응 면역

후천면역은 **태어난 이후에 생기는 면역**으로 세상에 태어나고 적응해 나가면서 생기는 면역이라고 해서 주로 적응면역이라고 해. 적응면역은 B세포와 T세포가 주로 담당하는데, 우리 몸에 침입해온 적의 종류를 특이적으로 인식해서 적에 따라 다른 세포가 작용하는 면역 작용이야.

체액성 면역과 세포성 면역

적응면역은 다시 **체액성 면역**과 **세포성 면역**으로 나누어져. 어떤 세포가 담당하느냐에 따른 차이지. B세포가 담당하는 면역을 체액성 면역이라 부르고, T세포가 담당하는 면역을 세포성 면역이라 불러.

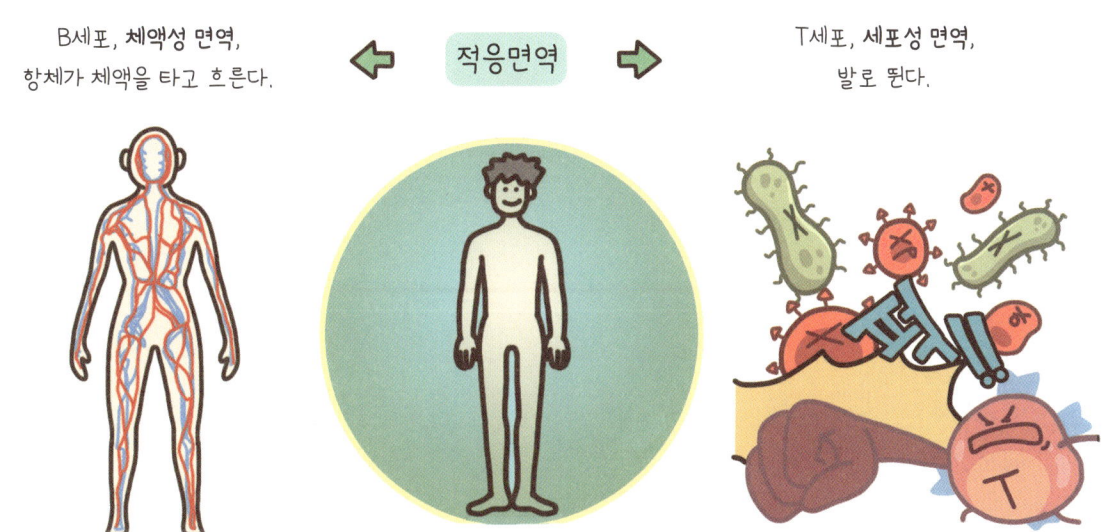

B세포 면역이 **체액성 면역**이라 불리게 된 이유는 B세포가 만드는 항체의 특징 때문이야. 이 항체는 체액을 타고 움직이며 적에게 작용하게 되거든. 체액이 닿는 곳에서 면역 활동이 이뤄지니까 체액성 면역이라는 이름이 붙었지.

T세포 면역이 **세포성 면역**이라 불리게 된 건 T세포가 직접 적이 있는 곳까지 움직여야 해서 그래. 항상 이동해서 만져보고 적이라고 인식을 해야만 면역활동이 이뤄지거든. 세포가 면역에 직접적으로 관여하기 때문에 세포성 면역이라는 이름이 붙었지.

Chapter 26 면역반응의 특징!

면역을 담당하는 세포와 물질을 '면역계'라고 하고,

면역계

몸으로 침입해 오는 적들에 대한 면역계의 반응을 면역반응이라고 하는데,

들었어? 사람들은 우리가 적들을 물리치는 걸 면역반응이라고 한대!

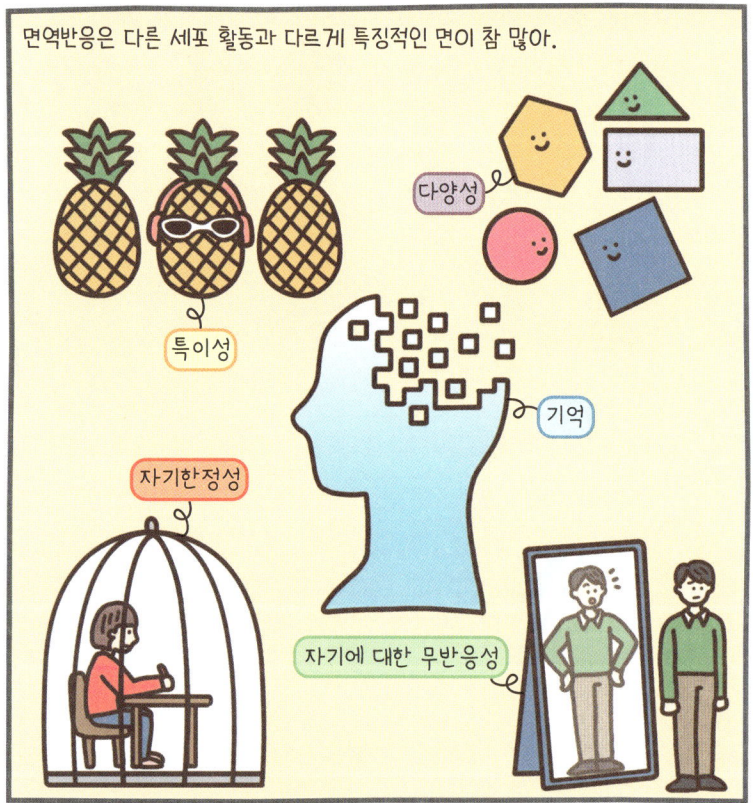
면역반응은 다른 세포 활동과 다르게 특징적인 면이 참 많아.

특이성 / 다양성 / 기억 / 자기한정성 / 자기에 대한 무반응성

왜 그런지는 나조차도 정확히는 잘 몰라.

흐음...

아무래도 우리 몸을 지켜주기 때문이 아닐까?

경찰이나 군인도 보면

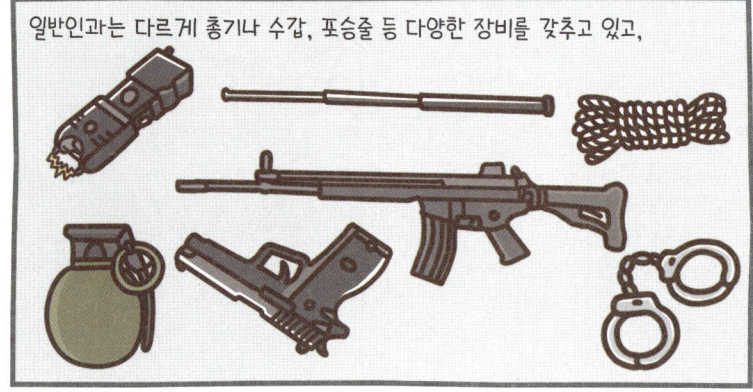
일반인과는 다르게 총기나 수갑, 포승줄 등 다양한 장비를 갖추고 있고,

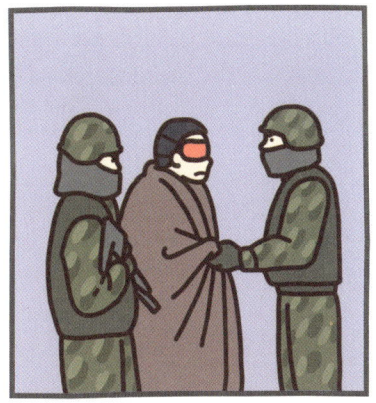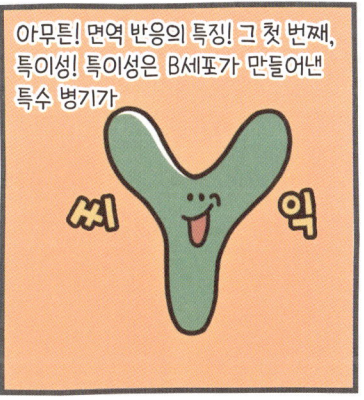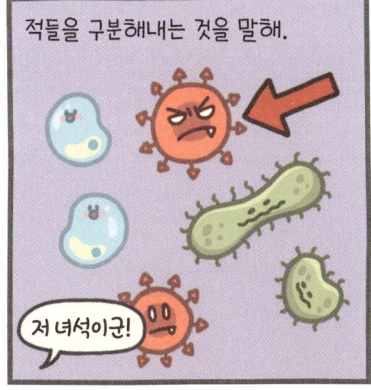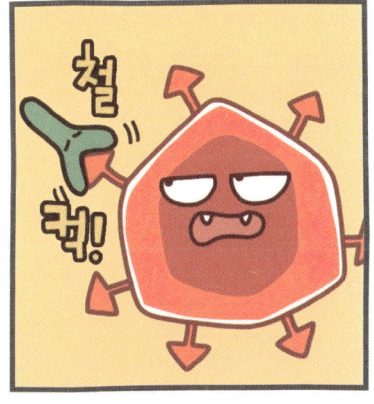

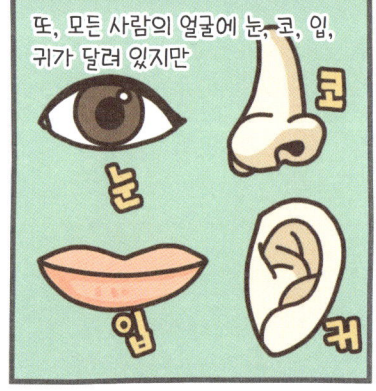

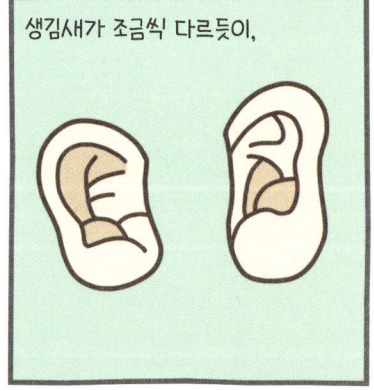
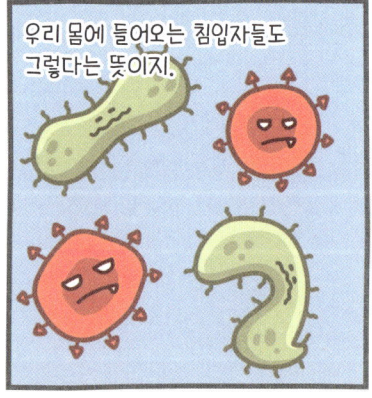

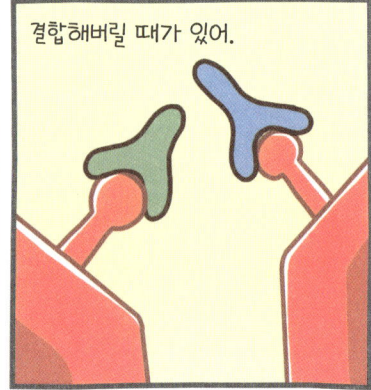

Chapter 26
면역반응의 특징!

이 경우, 보통은 큰 문제를 일으키지 않고 효과를 보이지만,

벼, 병이 나았어!

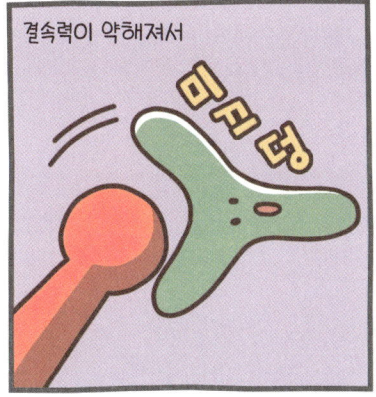

결속력이 약해져서

미끌덩

가끔은 문제를 일으키기도 해.

으어억...! 몸이 이상해...

다음은 다양성!

다양성은 '당연히 다양하겠지.' 그런 생각을 들게 하면서도

한편으로는 '이게 말이 돼?' 그런 감탄을 자아내는 특징이야.

왜냐! 앞서 말한 것처럼 적들은 생김새가 다 다른데, 각 적에 따른 맞춤형 특수 병기가 다 따로 있다는 게 바로 다양성이거든! 그래야만 우리 몸을 지킬 수 있으니 당연한 것처럼 보이겠지만, 적의 종류가 얼마나 많은지를 생각해보면 깜짝 놀랄 만 한 일이지. 우리가 살면서 겪을 적은 무척 많을 테니까!

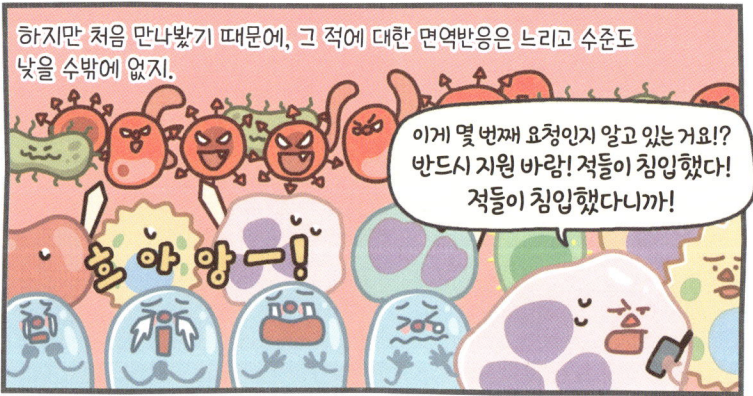

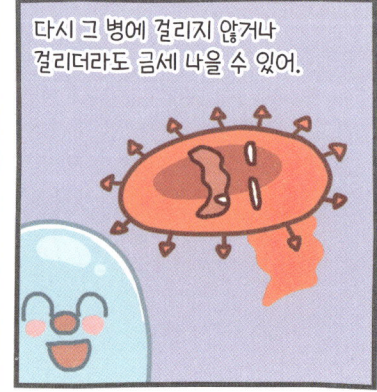

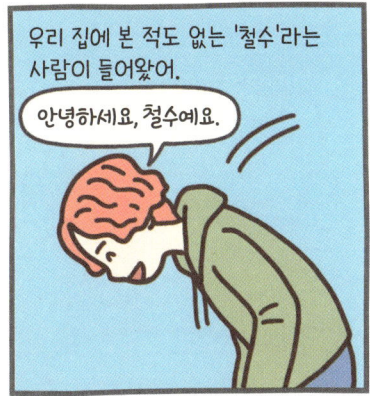

Chapter 26 면역반응의 특징!

계속해서 몸속으로 들어오는 온갖 적들에 대해 끊임없이 방어하며 살 수는 없잖아.

- 오늘만 벌써 오백 번 하고도 여든여덟 번이나 침입해왔습니다...
- 이젠 지쳤습니다...
- 이건 말이 안 돼요... 방법을 찾아야 한다고요!
- 맞아요! 못하겠다고요!
- 도대체 언제까지 막아내야만 하는 겁니까?
- 옳소, 옳소!

항상 박 터지게 싸우기만 했다간
- 놔라...
- 네가 먼저 놔!

열도 나고

통증도 느껴지고 하면서

건강한 삶과는 거리가 멀어질 테니 말이야.

그래서 면역반응은 반응이 시작되고 일정 기간이 지나거나

들어온 적들이 제거되면 가라앉게 돼. 이렇게 스스로 면역반응을 가라앉히려는 걸 자기한정성이라고 해.

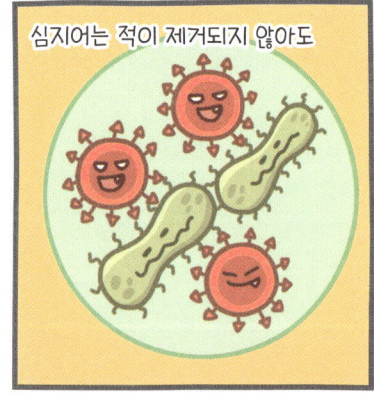

Chapter 26
면역반응의 특징!

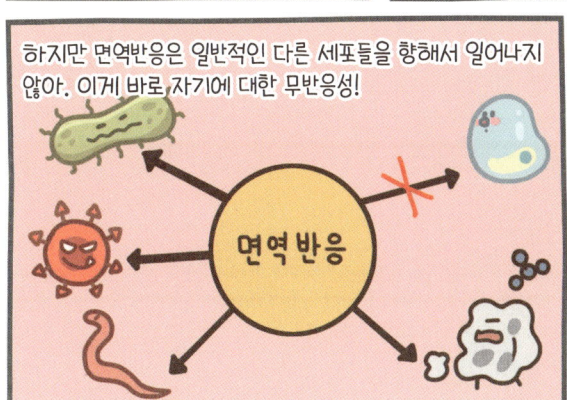

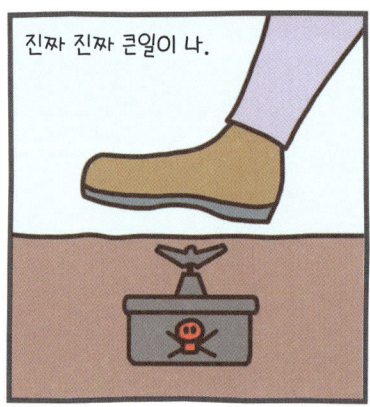

 Short Interview 23

 철수 편

Q. 철수 씨는 왜 자꾸 다른 사람의 집에 들어가나?

Chapter 26 | 면역반응의 특징!

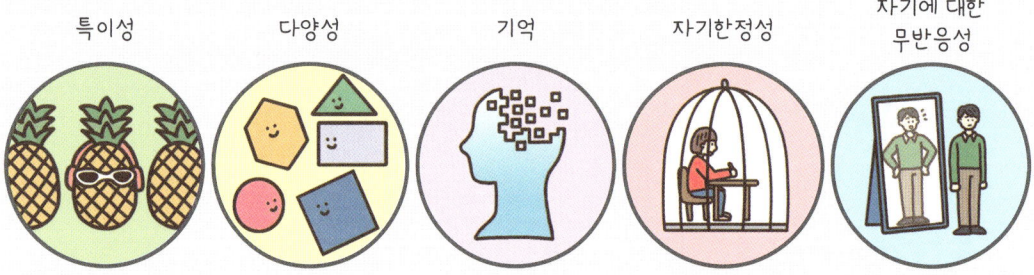

적응면역반응은 특징이 많다. 특이성, 다양성, 기억, 자기한정성, 자기에 대한 무반응성 등등!

특이성은 적의 다양한 구조물을 항체가 구분해내는 것을 말한다.

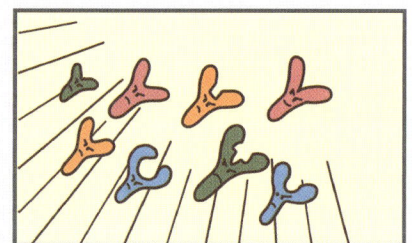

다양성은 그런 다양한 구조물에 대응하는 항체가 다 따로 있는 것을 말한다.

면역반응은 기억을 남긴다. 그러나 평생토록 기억하는 적은 적다. 한번 침입한 적이 다시 몸으로 들어오게 되면 면역 반응은 더 급격하고 세진다. 병에 다시 걸리지 않을 수 있고, 혹여 걸리더라도 금세 낫는다. 하지만 우리의 기억이 완벽하지 않듯, 면역반응이 남긴 기억도 완벽하지 않아서 대부분은 시간이 지나면 잊혀진다.

면역반응은 때가 되면 사그라든다.
일정 기간이 지나거나 들어온 적이 제거되고 나면 가라앉게 되는데, 심지어는 적이 제거되지 않아도 면역반응을 하지 않으려고 할 때도 있다. 이렇게 스스로 면역반응을 가라앉히려고 하는 면역의 행태를 자기한정성이라고 한다.

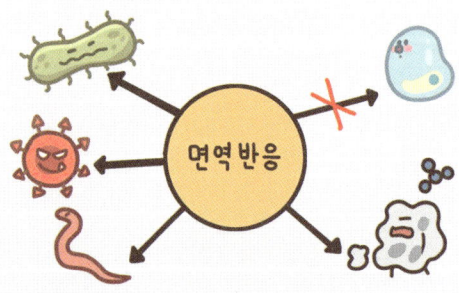

면역반응은 자기 자신을 공격하지 않는다.
이를 자기에 대한 무반응성이라고 한다.
면역 세포들이 적을 인식하고 반응하여 제거한다는 건 다른 우리 몸의 세포들도 공격하여 파괴할 수 있다는 뜻이지만, 특수한 상황을 제외하면 그런 일은 일어나지 않는다. 같은 몸의 구성원으로 인식하기 때문이다.

Chapter 27 🔍 우리 몸인데 우리 몸이 아닌 것? 면역특혜지역!

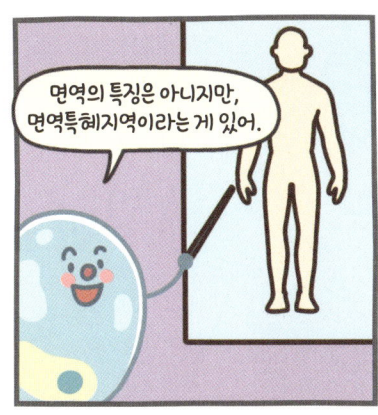

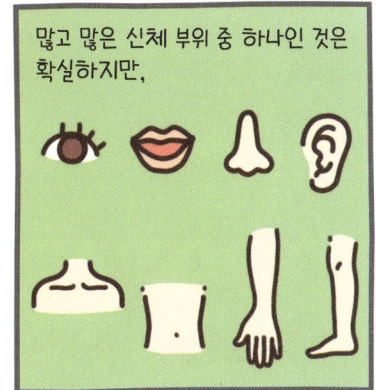

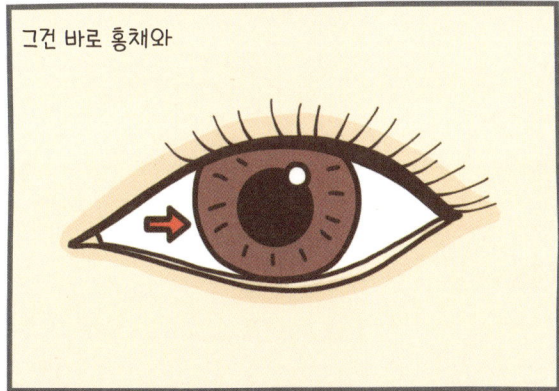
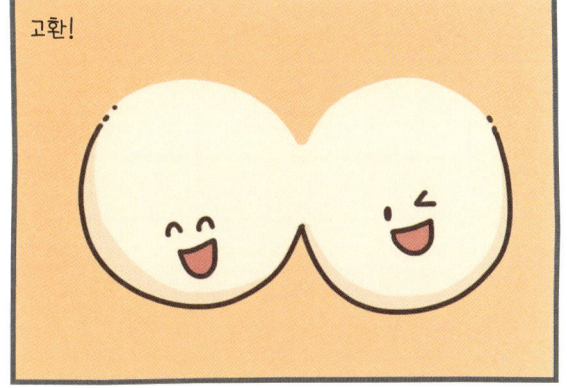

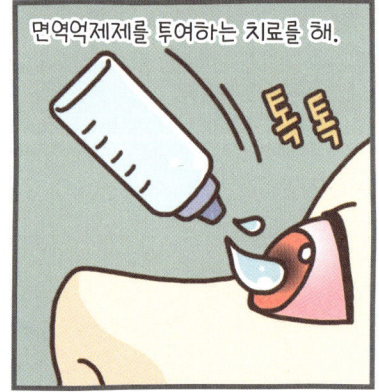

Chapter 27
우리 몸인데 우리 몸이 아닌 것? 면역특혜지역!

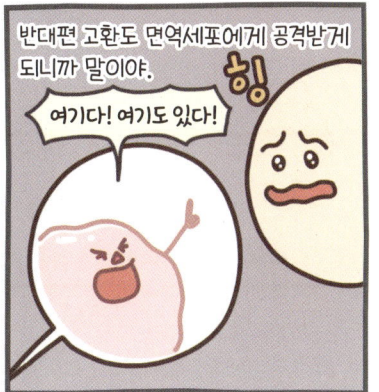

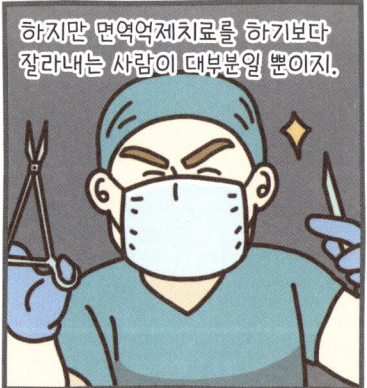

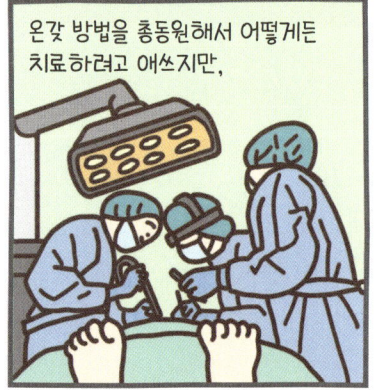

Short Interview 24

작아서 보이지 않는 것들 편

Q. 세포의 비밀에 대해서 속 시원히 털어놓은 소감은?

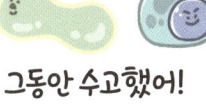
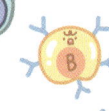

Chapter 27 | 우리 몸인데 우리 몸이 아닌 것? 면역특혜지역!

MEMO

너무 작아서
눈에 보이지 않는 것들1

1판 1쇄 2022년 1월 1일

저　　자 올드스테어즈 편집부
펴 낸 곳 OLD STAIRS
출판 등록 2008년 1월 10일 제313-2010-284호
이 메 일 oldstairs@daum.net

가격은 뒷면 표지 참조
979-11-91156-41-6

이 책의 전부 또는 일부를 재사용하려면 반드시 OLD STAIRS의 동의를 받아야 합니다.
잘못 만들어진 책은 구매하신 서점에서 교환하여 드립니다.

공통안전기준 표시사항

- **품명** : 도서　　　　・**재질** : 지류
- **제조자명** : Oldstairs　・**제조국명** : 대한민국
- **제조연월** : 2022년 1월
- **주소** : 서울특별시 마포구 양화로12길 24, 4층
- **KC인증유형** : 공급자적합성확인

KC마크는 이 제품이 공통안전기준에 적합하였음을 의미합니다.
책 모서리에 찍히거나 책장에 베이지 않게 조심하세요.